La magia de innovar
7 vías disruptivas para innovar

Raúl Alas Alas

EDICIONES UNIVERSIDAD DE NAVARRA, S.A.
PAMPLONA

Cupón para la Biblioteca Virtual

Accede a la versión eBook de este título por solo **1,99 €**. Con la compra de este libro puedes utilizar el siguiente cupón para la lectura en *streaming** desde la Biblioteca Virtual. **Sigue estas instrucciones** para visualizar tu libro:

1. Dirígete a la web de la Biblioteca Virtual en **https://ebooks.eunsa.es**.

2. En la web ve a **Iniciar sesión** e introduce tu email y contraseña. Si no estás registrado, deberás completar el proceso en **Registrarse**.

3. Tras registrarte, accede a la página del libro o lee el QR de esta página. Bajo el precio podrás **insertar el código oculto en el siguiente cupón** para activar la promoción.

Despegue para visualizar

Acceso directo al eBook

Canjéalo en ebooks.eunsa.es

**Con acceso a internet desde cualquier navegador.

COLECCIÓN: PERSONA Y CULTURA
n.º 56

Primera edición: 2024

© 2024. Raúl Alas Alas
    Ediciones Universidad de Navarra, S.A. (EUNSA)
    Campus Universitario • Universidad de Navarra • 31009 Pamplona • España
    +34 948 25 68 50 • www.eunsa.es • eunsa@eunsa.es

ISBN: 978-84-313-3903-6
DL NA 7-2024

Diseño cubierta: Fernando Cuevas
Fotografía cubierta: Imagen de Pixabay

Imprime: Podiprint
Printed in Spain – Impreso en España

A quienes trabajan
por un mundo mejor

Índice

Prólogo:
La magia de innovar

> «*Si buscas resultados distintos,*
> *no hagas siempre lo mismo*».
> **Albert Einstein**

Innovar es como presenciar un acto de magia, cuyo desenlace nos produce novedad, sorpresa y admiración. Novedad por lo inédito del momento, sorpresa por lo inesperado del desenlace y admiración por la destreza del mago al realizar la ilusión.

Es natural que el efecto del truco nos deje con la sensación de que hubo algo en el medio que nuestros sentidos no captaron y que nos encantaría averiguar. Somos como niños ante lo incierto y de todo aquello que nos supera.

Después de unos instantes de inquietud por lo vivido, nos empezamos a preguntar cómo hizo el mago para esconder el pañuelo, la moneda, la carta o el conejo hasta el último momento. Pero por más que repasamos en la memoria todos los movimientos que hizo con sus manos, solo acertamos a sonreír cuando recordamos el fruto de su magia.

Es evidente que en un espectáculo de este estilo, una obra de teatro o en una película, se sabe de antemano que la ilusión, la fantasía o la ficción forman parte del entretenimiento. Por lo cual, se presume que nada de aquello es cierto, pero uno suspende su incredulidad para disfrutar de la puesta en escena.

Indudablemente, en todo acto de magia o montaje teatral hay una preparación previa, un esfuerzo minucioso por no dejar cabos sueltos y ensayar hasta el cansancio para que el efecto sea perfecto en el auditorio. El mago no deja margen a la improvisación, sino que sigue una serie ordenada de pasos a lo largo de un proceso, para conseguir que la ilusión con su «juego de manos» resulte como debe ser.

Igual sucede con la innovación, que requiere de una serie sucesiva de pasos hasta acertar con el resultado deseado. No es un simple probar suerte con lo que tengamos a la mano, sino que es una búsqueda ordenada y sistemática que ayude a encontrar la ruta correcta.

Es verdad que para innovar no hay una formula concreta, pero no está de más ser observador y metódico, para que en cada prueba y error se obtengan aprendizajes que permitan hacer correcciones, ajustes y pruebas de nuevas vías o sendas no exploradas previamente.

Volviendo al ejemplo del mago, es habitual que sus actos de magia se renueven cada temporada con trucos nuevos o con formas distintas de hacer el mismo número, pero sin conformarse a quedar obsoleto por no salir de la zona de confort o por la mera comodidad de hacer siempre lo mismo.

> Para innovar no hay una formula concreta,
> pero no está de más ser observador y metódico

ESPACIO Y TIEMPO

Decía un sabio profesor universitario que para distinguir la modernidad de la era premoderna, solo había que observar la forma de apreciar el espacio y tiempo en esos dos períodos de la historia, puesto que su forma de concebir el mundo estaba y está notablemente influida por la manera de entender su realidad.

En concreto, decía que el hombre premoderno estaba centrado en el «espacio», por lo que su concepción del mundo radicaba en la contemplación. Es decir, tenía una visión religiosa de la vida, en la que Dios era el centro de su pensamiento y manera de actuar.

Sin embargo, el hombre moderno está centrado en el «tiempo», por lo que su concepción del mundo gira en torno a la innovación. En este sentido, innovar para el moderno tiene que ver con ganar tiempo. Por lo cual, valora la innovación como un recurso para anticipar el futuro y sacar provecho de cada momento que dispone.

Por eso, todos los artefactos, inventos y productos tecnológicos derivados de la innovación, le sirven al hombre moderno para sacar ventaja al tiempo y hacer otras acciones que puedan ofrecerle nuevas gratificaciones personales y experiencias creativas.

CREATIVIDAD Y DISRUPCIÓN

La creatividad es la capacidad de crear nuevas ideas y conceptos a partir de combinar ideas o conceptos conocidos. Es el descubrimiento de algo nuevo, funcional y útil, que aporta valor a lo que ya existe, con nuevos atributos.

Pero la creatividad gravita ahora alrededor de la abundante información acerca de los gustos, preferencias y tendencias del mercado, lo cual hace que las empresas conozcan de forma precisa el perfil de los destinatarios de sus conceptos y productos. Hasta el punto de que aplican algoritmos en sus interacciones digitales, para conocer hábitos de consumo y preferencias de uso según el sexo, edad, procedencia y perfil socioeconómico.

Hoy más que nunca la industria de la creatividad cuenta con herramientas y medios de gran sofisticación técnica y datos estadísticos para conocer a sus potenciales clientes y alcanzar sus objetivos de innovación. Sin embargo, a pesar de esa cantidad, diversidad y velocidad de los datos obtenidos, y de los instrumentos de análisis que se utilizan, no siempre se puede predecir de modo confiable cuáles ideas tendrán éxito.

Por eso, la innovación disruptiva es un fenómeno interesante que permite transformar las ideas existentes en una experiencia diferente a lo ya conocido. Es el encuentro cara a cara con una solución original, diferente y fuera de serie. De hecho, la palabra "disrupción" «deriva etimológicamente del latín *disrumpere*, algo así como alterar la estructura anterior o bien romperla a pedazos. Cuando hablamos de disrupción nos referimos a este tipo de innovaciones que hacen que lo que existía hasta ahora se vuelva obsoleto» (Bofarull, 2020).

> La innovación disruptiva es un fenómeno interesante que permite transformar las ideas existentes en una experiencia diferente

Esa novedad del hallazgo no es fruto de una casualidad o de una mera correlación de variables conocidas, sino de una *causalidad* de acciones o circunstancias que la hacen realidad. Pues como bien dice Clayton Christensen, el gran referente de la innovación disruptiva, «la correlación no revela lo más importante para la innovación: la causalidad que existe tras el por qué yo podría comprar una solución en particular. No obstante, pocos innovadores ciñen su principal reto al descubrimiento de una causa» (Christensen y otros, 2020).

El valor de hacer nuevas combinaciones

Así como el mago no deja margen a la improvisación para hacer bien su truco, tampoco la innovación es fruto de algo repentino o espontáneo, sino que utiliza la experiencia conocida sumada a las técnicas de la creatividad para hacer su magia.

Porque las ideas son fruto de una cadena sucesiva de pasos, un proceso en el que la mente sigue un conjunto de operaciones o reflexiones que posibilitan el surgimiento de estas. Dicho de otro modo, el éxito de este proceso es el resultado de un orden, pero también de una técnica continuamente practicada, que permite establecer combinaciones de ideas conocidas, de las cuales se derivan nuevas ideas o relaciones.

Esta capacidad de combinar ideas o elementos conocidos depende del talento de encontrar nuevas relaciones. Por lo cual, es clave no solo tener estas ideas claras, sino también entender la estructura básica de nuestra manera de pensar. En sentido metafórico, podríamos afirmar que este proceso pasa por crear una nueva narrativa, una nueva forma de decir las cosas, utilizando los elementos de siempre. «La capacidad de contar buenas historias se ha convertido en la principal habilidad en el campo de la innovación y transformación» (Cfr. Moss Kanter, 2020).

En estos tiempos de grandes avances tecnológicos, de abundantes contenidos en Internet y de la revolución del conocimiento que implica el uso de la Inteligencia Artificial, con aplicaciones como *ChatGPT* y otras similares, la innovación empresarial parecería ser algo muy asequible para cualquiera que lo intente.

> Esta capacidad de combinar ideas o elementos conocidos depende del talento de encontrar nuevas relaciones

Sin embargo, a pesar de que la innovación disruptiva consiste en ofrecer soluciones inéditas gracias a estas transformaciones tecnológicas, lo verdaderamente disruptivo en las empresas es la transformación del respectivo modelo de negocio. Porque como bien dice Bofarull en su libro *Moonshot Thinking*: «Para unos, el gran salto es el de la transformación, la reinvención, mientras que para otros, su gran salto es el crecimiento, el saber escalar a una magnitud superior su modelo de negocio, que también es, en definitiva, una forma de transformarse» (Bofarull, 2020).

Por eso, el contenido de este libro está centrado en proponer 7 vías disruptivas para innovar en el lugar donde cada uno aporta su conocimiento, habilidad y particular forma de ser. Son ideas básicas y de sentido común, que pueden ayudar a cambiar el modelo de pensamiento en las organizaciones y generar nuevas rutas de solución a los problemas de siempre.

No pretendo que este elenco de ideas sea una piedra filosofal para descubrir la fórmula sobre la innovación, sino un mapa de ruta para identificar nuevos caminos que faciliten llegar antes o de mejor forma a la meta. Por lo tanto, el fruto de la innovación es el resultado de intentar cosas nuevas, fallar en los intentos que sean necesarios y volver a empezar con renovado entusiasmo, porque cada uno debe descubrir las claves que favorecen sus descubrimientos y logros.

Estas siete vías de acción son luces que los líderes visionarios pueden fomentar en sus equipos directivos, así como en la cultura de las organizaciones que dirigen, y que en la medida que sepan integrarlas en su labor diaria, se convierten en cauces para generar nuevas ideas.

> Estas siete vías de acción son luces
> que los líderes visionarios pueden
> fomentar en sus equipos directivos

Porque la transformación es a veces un proceso cuyo tiempo depende de la capacidad de asimilar los cambios con rapidez y aplicar los nuevos conceptos de forma estratégica en la realidad del mercado. Pero, otras veces, serán precisas unas soluciones audaces para responder con acierto a graves crisis o grandes dificultades.

Por lo cual, durante la preparación de este libro, he investigado a grandes conocedores del tema de la innovación disruptiva y del proceso de transformación a partir de las oportunidades empresariales en el mercado. Estos referentes de la innovación disruptiva son autores visionarios de las potencialidades prácticas de pensar de forma diferente.

Al igual que en otros trabajos editoriales, he leído artículos para profundizar sobre los temas que forman parte del índice de este libro. Asimismo, he incluido varios relatos, experiencias y claves de expertos en la materia sobre los procesos de innovación que han seguido algunas empresas en su ruta hacia un nuevo modelo de negocio.

Aprovecho esta oportunidad para expresar nuevamente mi agradecimiento al equipo editorial y administrativo de EUNSA, por su apoyo de siempre en todo el proceso de preparación y publicación de este libro. Me da mucho gusto contar con el saber hacer y gran experiencia de todos los miembros de este formidable equipo.

Y, finalmente, agradezco enormemente a mi esposa e hijos, que están pendientes del avance y desarrollo de cada uno de mis proyectos editoriales. Su apoyo, entusiasmo y confianza siempre me dan alas para avanzar en todo el proceso hasta poner el punto final de cada libro que escribo. Gracias por su cariño y forma de ser. ¡Los llevo siempre muy adentro en mi corazón!

Raúl Alas Alas

II
7 vías disruptivas para innovar

> *«Si quieres cambiar el mundo*
> *empieza por hacer tu propia cama».*
> **Almirante McRaven**

Resulta llamativo que un buen número de las empresas o corporaciones que hasta hace poco eran las líderes indiscutibles de su mercado, después de un tiempo se queden rezagadas con la repentina aparición de una tecnología de punta emergente. Y resulta aún más sorprendente, porque esas empresas dominantes llevaban años mejorando de forma continua sus productos o servicios.

De hecho, eran conocidas por ser expertas en evolucionar de forma sostenida en la calidad de sus productos estrella. A tal punto que, a medida que iban mejorando sus propios éxitos, ampliaban sus márgenes de utilidad y posición en el mercado. Sin embargo, una vez aparece un nuevo producto o tecnología que desbanca la tecnología existente que estas dominaban o gestionaban, se generan efectos con resultados insospechados.

Porque los productos que surgen de las tecnologías de punta no son al principio los que más márgenes generan, ni tienen la fuerza de los productos dominantes, sino que atraen a clientes marginales o nuevos clientes del mercado. «Las tecnologías de punta son comercializadas al principio en mercados emergentes de magnitud relativamente insignificante» (Christensen, 2022).

Pero, siendo este factor tan contrario a la lógica de las grandes empresas, resulta ser el detonante de un nuevo modelo de negocio y de una nueva base de clientes de una tecnología innovadora en el mercado. Porque «los clientes más rentables de las empresas líderes no desean, y de hecho tampoco pueden inicialmente emplear productos basados en tecnologías de punta» (*Ibídem*).

Esto es lo que los expertos llaman «el dilema del innovador», que no es otra cosa que enfrentarse a una gran contradicción: el fracaso de las empresas más exitosas comienza cuando invierten de forma agresiva en el portafolio de productos y servicios más apetecido por sus clientes más rentables y descuidan los mercados menos atractivos o poco explorados. «Cuando las mejores firmas tuvieron éxito, fue porque prestaron la debida atención a sus clientes e invirtieron agresivamente en las tecnologías, productos y medios de producción que satisficieran las necesidades de mediano plazo de sus clientes. Pero, paradójicamente, cuando en otra ocasión las mejores empresas fracasaban, era también a causa de las mismas razones» (*Ibídem*).

Situación curiosa, porque la lógica nos hace pensar que la jugada más sensata para seguir aumentando la posición en un mercado es mejorar los atributos de esas cartas ganadoras y preservar las ventajas competitivas.

Lo que termina pasando es que dichas empresas se quedan con las manos atadas para enfocarse en nuevas tecnologías y atender a segmentos de clientes emergentes, que son los primeros en probarlas y hacer uso de ellas. «Es como si las empresas líderes quedaran cautivas de sus propios clientes, permitiéndose así que firmas recién ingresadas al sector pudiesen voltear a los líderes reconocidos de la industria cada vez que emergía un cambio tecnológico abrupto» (*Ibidem*).

La explicación de este dilema es bastante sencilla y ya la anticipábamos al inicio de esta introducción: la mayoría de las empresas líderes le apuesta a «caballo ganador», por lo que la vasta mayoría de sus innovaciones son de carácter sostenido, lo cual hace que sus directivos y ejecutivos gestionen las mejoras de sus productos en un marco de mejora continua, donde hay abundante información de referencia para el análisis y la planificación.

Por el contrario, las empresas más recientes y sin ataduras con clientes establecidos, se atreven a entrar en nuevos mercados y experimentar con tecnologías pioneras o propuestas disruptivas. «Es en las innovaciones de punta, cuyo mercado se conoce menos, donde existen venta-

jas para el que lleva a cabo los primeros movimientos»
(Christensen, 2022).

> Las empresas más recientes y sin ataduras
> con clientes establecidos, se atreven a entrar
> en nuevos mercados y experimentar con
> tecnologías pioneras o propuestas disruptivas

EVOLUCIÓN Y TRANSFORMACIÓN

Las empresas que tienen productos ganadores y llevan un tiempo gozando de las mieles del éxito no tienen
un incentivo para explorar nuevos mercados y hacer innovaciones disruptivas, porque su posicionamiento actual
les permite tener unos resultados envidiables tal y como
están.

En un caso así, pareciera mejor no alterar el *statu quo*
de su situación empresarial, porque esto supone atreverse
a asumir riesgos y exponerse a tomar decisiones llenas de
nuevas incertidumbres. Además, en muchas ocasiones, su
afán por introducirse en nuevos negocios o segmentos de
mercado es fruto de una reacción a estímulos provocados
por el movimiento de un nuevo entrante en la industria o
sector. Y en las reacciones, por norma, siempre se va con
uno o varios pasos de retraso, lo cual se paga caro en cualquier ámbito de comercio, servicio o industria.

O sino, vean el caso de *Amazon*, *Uber* o *AirBnB*, cuyo tenaz modelo de negocio ha supuesto una enorme contrariedad para las empresas convencionales de venta al detalle, taxis y hoteles, respectivamente. Y una vez impactaron en dichos segmentos, se han convertido en líderes de referencia en las diversas categorías en las que compiten, porque su flexibilidad operativa y comercial les ha permitido moverse con mayor rapidez y agilidad en el mercado.

Este novedoso enfoque disruptivo les permite a los nuevos jugadores ganar rentabilidad más rápidamente, porque al adoptar un nuevo modelo de negocio consiguen tomar una ventaja inmediata por encima del modelo comercial predominante, y de paso crear un nuevo mercado.

Su fórmula es muy eficaz: aprovechan los espacios vacíos o poco atendidos que dejan las empresas consolidadas, por medio de una oferta de valor impactante, precios más atractivos y accesibles y, especialmente, a través de formas novedosas de satisfacer las necesidades de los consumidores y usuarios.

Pero entonces, ¿qué deben hacer las empresas consolidadas: quedarse de brazos cruzados y resignarse a lo inevitable? ¿Acaso deben identificar las oportunidades para recuperar el tiempo perdido y sacar partido de su experiencia en el mercado?

Claramente, esta última es la mejor opción, porque de lo contrario sus días estarán contados y no correrán la mejor suerte, como fue el caso de *Blockbuster* cuando apareció *Netflix* y su versátil modelo de suscripción, que sumada a su propuesta de valor basada en una estrategia de precio asequible, un sistema personalizado de contenidos, así como una plataforma tecnológica funcional y accesible, la convertía en una opción fácil y atractiva para el consumidor de entretenimiento.

En otras palabras, tanto para las empresas existentes como para los nuevos jugadores, una primera clave es estar atento a los nuevos escenarios competitivos y dar respuesta a la forma que van evolucionando las necesidades de los consumidores, a través de una oferta diferenciada de productos y servicios que permita posicionarse con agilidad en nuevos mercados.

Y este desafío requiere de una capacidad de adaptarse con velocidad y acierto a este proceso evolutivo, con estrategias y propuestas de valor novedosas, simples y efectivas, que permitan la transformación de los modelos de negocio y su ejecución con el menor desgaste posible en sus entornos competitivos. Porque, como sostiene Christensen, «es muy difícil que una empresa cuya estructura de costes se halla diseñada para competir en mercados de alta exigencia, pueda asimismo ser rentable en los de baja exigencia» (Christensen, 2022).

Es fácil decirlo, pero esta transformación tiene sus complejidades a la hora de realizarla, porque una nueva solución de negocio y su respectiva propuesta tangible de valor no se logra implementar sin un sistema de capacidades internas orientadas al cliente. Es decir, que se requiere una cultura de servicio que responda a la nueva estructura de comercialización y marketing de las empresas para consolidar el modelo creado y cautivar al cliente.

> Una nueva solución de negocio y su respectiva propuesta tangible de valor no se logran implementar sin un sistema de capacidades internas orientadas al cliente

Pero este músculo interno no se improvisa, sino que se articula a través de una cultura de innovación empresarial que se va incoando en toda la organización de forma sistemática. Por ejemplo, a través de estimular y alentar nuevas ideas, generar espacios creativos que den respuesta a diversos tipos de problemas o limitantes, y también a través de la búsqueda de oportunidades que permita a los colaboradores compartir conocimientos entre sí y desarrollar proyectos fuera de la caja, para explorar conceptos diferentes y originales.

La dinámica del lápiz

Recuerdo que durante una clase de marketing en la universidad, el profesor comenzó la clase con una dinámica muy divertida y participativa.

Después de un saludo cordial y una brevísima presentación personal, sacó un lápiz del bolsillo de su chaqueta y lo mostró a la clase como si se tratara de un objeto único y particular. Era un lápiz de madera con su habitual borrador de goma en la cabeza, afilado en la punta, con el grafito negro característico y revestido de color amarillo. No cabía duda, era el tradicional lápiz que todos usamos en el colegio y la oficina.

Todos nos quedamos viendo fijamente el lápiz en su mano, como esperando una sorpresa. El guardó silencio un momento y luego, al tener toda nuestra atención fija en su mano, nos dijo que este objeto afilado era más que un simple lápiz, pues en realidad sus usos, funciones y aplicaciones eran múltiples, lo que lo convertía en un objeto muy valioso. Todos nos miramos extrañados por ese comentario porque, a decir verdad, nadie de la clase le veía algo valioso o útil más allá de escribir algo en un papel.

Entonces, nos propuso como dinámica que cada uno de nosotros mencionara un uso o función alternativa que se nos ocurriera con el lápiz. La idea era hacer una lluvia de ideas que permitieran mirarlo de forma diferente.

Uno tras otro empezamos a decir todo tipo de ocurrencias: «un arma cortopunzante, un dardo, un señalador, una flecha, la batuta de un director, una baqueta de batería, un removedor de café, un hisopo para quitarse la cera de los oídos, un rascador, un rulo para rizar el pelo, una regla, el tope de una puerta, una guía para que una planta crezca recta, un gancho de cabello...».

Cuando nos quedábamos callados, el profesor nos miraba como diciendo «estoy seguro de que pueden decirme más usos». Así que íbamos de nuevo a la carga y decíamos: «…un pisapapeles, un rodillo para sacar la pasta de dientes, un filo para forzar el encendido/apagado de una computadora o celular, un palillo o mondadientes, el testigo para carreras de relevo, el asta de una pequeña bandera, y tantas funciones más. Y por supuesto, el lápiz sirve principalmente para escribir, dibujar o sombrear».

Así estuvimos buena parte de la clase, diciendo cada nueva idea hasta quedarnos callados. El profesor retomó el hilo de la dinámica y nos repitió la frase con la que había iniciado la clase: «Como ven, este objeto es más que un lápiz, porque tiene otras funciones que trascienden su función esencial y eso lo convierte en un objeto valioso y útil». Por lo tanto, sus ventajas inherentes lo convierten en una herramienta de trabajo, un instrumento personal para diversos usos y hasta como un arma de ataque.

No cabe duda de que habíamos minusvalorado las potencialidades del objeto por su apariencia sencilla y modesta. Sin embargo, una vez dejamos de verlo como un accesorio para escribir o dibujar y nos salimos de la «caja» de nuestros paradigmas habituales y superamos nuestra falta de imaginación, le encontramos nuevos usos y potencialidades.

Todo lo cual es una metáfora de la vida misma, porque las limitaciones o preguntas complejas a las que nos enfrentamos habitualmente suelen tener respuestas creativas o soluciones alternativas que parten de la simplicidad y de esa chispa de genialidad que está en todos los que ven más allá de lo evidente.

Tiene sentido esa frase del Almirante McRaven con la
que comenzábamos esta introducción, que en un discurso
afirmaba que: «Si quieres cambiar el mundo empieza por
hacer tu propia cama», porque no hay nada más disruptivo que la determinación, la disciplina y la constancia de
hacer algo hasta convertirlo en hábito, en virtud, y des-
prendernos de cuanto nos impide progresar o superarnos.

> No hay nada más disruptivo que la
> determinación, la disciplina y la constancia
> de hacer algo hasta convertirlo en hábito

Esa persona o institución, que hace siempre bien lo
que le hace mejor y le perfecciona, está en condiciones de
aprender de los que más saben, emprender nuevas ideas
y proyectos y, con ello, diferenciarse y transformar su entorno. Porque quienes tienen un propósito de ser más de
lo que son, tienen unos valores que les impulsan a salir de
su zona de confort.

En síntesis, conocer el *porqué* y el *cómo*, nos permite
tener claro el *qué* de las cosas que nos proponemos hacer
de forma única y particular, para darle un sentido a nuestra realidad humana, organizativa y material.

Por lo cual, tiene una enorme importancia crear una
cultura de innovación en las familias, las empresas y en
la manera de convivir en sociedad. Porque, a la larga, resulta ventajoso aprender algo nuevo y, a partir de combi-

nar ideas, encontrar nuevas y mejores formas de hacer las cosas.

De esto quiero hablarte en las próximas páginas y proponerte 7 vías disruptivas para innovar. Con ellas, intentaré mostrarte siete maneras de integrar conocimientos, habilidades, talentos, energías, ideas, rutinas y, especialmente, personas que sean capaces de hacer realidad la magia de la innovación.

Y, como tú eres el invitado más importante para disfrutar los siete actos de esta función, ven conmigo a presenciar este maravilloso mundo mágico de la innovación.

¡La magia está por comenzar! ¡Se abre el telón!

1.
CREAR UNA CULTURA DE INNOVACIÓN

>*«La fortuna juega a favor*
>*de una mente preparada».*
>**Louis Pasteur**

Hace un tiempo leí una entrevista a un doctor en Pedagogía en la que hablaba del impacto que tiene para un niño conocer la reacción de un adulto a sus ideas, ocurrencias y originalidades. Según este experto, que además es profesor de secundaria, orientador y escritor, «los niños a los 11 años dejan de ser ingeniosos porque los adultos se ríen de sus ocurrencias, las ridiculizan en público y ellos se dan cuenta y dejan de expresarlas» (Peralta, 2022).

En su opinión, la genialidad de los niños suele ser incomprendida por los adultos en la escuela, la cultura y la familia, porque se asume que los niños carecen de conocimientos y experiencia para formular buenas ideas. «Esa chispa de genialidad que tienen los niños, que consiste en hacer una cosa mejor, distinta porque aún no tiene prejuicios, se considera que es una idiotez, una ingenuidad, una falta de experiencia, cuando en realidad su punto de vista resolvería muchos problemas. Y, además, si esa misma respuesta la da un adulto nos parece filosófica, genial, artística» (*Ibídem*).

Por eso, es de gran importancia fomentar la genialidad creativa de los niños y aplaudir sus soluciones originales, porque ese reconocimiento del adulto reafirma su convencimiento de que las ideas u ocurrencias que proponen son dignas de ser tomadas en cuenta y valoradas. Además, a medida que van creciendo, les resulta más importante pertenecer a un grupo que mostrar su propia identidad, por eso tienden a inhibirse en público, intervenir menos y guardarse sus ideas.

La iniciativa debe venir del padre o maestro para animarles a expresar con naturalidad sus ideas, motivarles a participar en público y alentarlos, con gestos y palabras, a que ofrezcan soluciones a los problemas cotidianos que se presenten en casa o en la escuela.

Una clave para acertar con los niños y adolescentes es preguntarles los porqués de sus respuestas, para ayudarles a evaluar su forma de razonar. «Cuando un alumno haga algo que al profesor le parece raro o equivocado, tendrá que cuestionarle porqué lo ha hecho así, porque muchas veces lo que ha realizado el estudiante es muy acertado y, sin embargo, se le califica como erróneo» (*Ibídem*).

En definitiva, es conveniente alentar su creatividad y visión divergente, porque de esta manera tendrán confianza en sus ideas y en la forma de ver las cosas, aunque eso suponga hacerles crear nuevas conexiones cerebrales y vías diferentes de acceder al conocimiento de las cosas.

> Una clave para acertar con los niños y adolescentes
> es preguntarles los porqués de sus respuestas,
> para ayudarles a evaluar su forma de razonar

APRENDER A SUMAR EL TALENTO

Es muy usual que, ante una encrucijada o un asunto complejo, la primera reacción que tengamos sea la de agobiarnos, sentirnos desbordados o pensar que tenemos que actuar de forma inmediata para atender la emergencia.

Sin embargo, resulta llamativa la forma en la que una persona sensata reacciona ante un desafío intelectual o un problema técnico: lo primero, conoce los hechos o datos básicos, con objetividad y sin apasionamientos. Esa primera aproximación a los hechos de la situación enfrentada, le permite identificar las causas o detonantes de lo ocurrido, con los cuales deduce el problema principal y sus contingencias. Esta etapa es crucial porque, una vez se identifica el problema, se pueden establecer las propuestas de solución y los planes de acción más oportunos.

Este esquema de respuesta a un problema o crisis, que habitualmente se enseña como método del caso en las escuelas de negocio, sirve de vía de solución para aplicarlo en casos de empresas o en las decisiones críticas que deben resolver sus directivos o los protagonistas de la cuestión.

Ciertamente, en los diversos casos de discusión, puede haber más de una solución posible para resolverlos, por lo cual el análisis de los hechos, problemas y soluciones es el fruto de la experiencia compartida de los participantes y de su trayectoria profesional.

Igual sucede en una empresa, cuyo principal activo es la suma de conocimientos, experiencias, talentos y cualidades de sus directivos y colaboradores. Porque las organizaciones más eficaces son aquellas que saben asociar y combinar a las personas según sus aptitudes y actitudes, puesto que la aportación de valor de un talento humano es el resultado de multiplicar su *capacidad* (conocimientos) con su *compromiso* (buena disposición).

La aportación de valor de un talento humano
es el resultado de multiplicar
su *capacidad* (conocimientos)
con su *compromiso* (buena disposición)

En ciertas ocasiones resultan de gran provecho los esquemas particulares que se han aplicado para resolver situaciones complejas en el pasado. Ese modo de analizar los problemas busca identificar las causas, circunstancias y responsables de la situación, para proponer rutas de solución basadas en hechos y datos objetivos, tal y como lo propone el método del caso. Es verdad que no hay dos situaciones idénticas, pero la experiencia en cómo abordar una crisis o un grave desafío, es fundamental para empezar a resolverlo.

En otras circunstancias, las situaciones parecen un complejo acertijo que requiere otras claves de solución. Es aquí donde conviene tener a personas con rutas distintas de pensamiento, que no terminan en las mismas calles y avenidas de los demás, sino en vías diferentes de llegar a la meta.

Son personas que combinan inspiración con intuición y en la medida que se enfocan en las respuestas, formulan diversos escenarios de solución que trascienden las causas y responsables, y se centran más en las posibilidades de éxito de sus apuestas. Estos son los que contribuyen desde el disenso.

CONTRIBUIR DESDE EL DISENSO

Es muy sospechoso que en una organización prevalezca siempre «el pensamiento único», porque eso supone que hay una escasez real de pensamiento. Si todos piensan igual o las mismas ideas, es que casi nadie piensa, porque el ejercicio de pensar supone tomar riesgos, disentir, ver otras opciones, pues de lo contrario significa que hay un temor a llevar la contraria o a proponer ideas diferentes que se salen de lo común que asume el líder o la alineada voz de la mayoría.

Y aunque muchos líderes presumen de tolerancia al pensamiento disidente, sus reacciones no siempre son consecuentes cuando tienen a alguien así enfrente. Una persona que difiere del grupo o cuestiona el juicio dominante, resulta incómoda y poco simpática en una reunión, lo cual hace que el líder se vuelva a la defensiva y tome posiciones.

Resistirse a planteamientos distintos y opuestos a nuestra manera de ver las cosas es una reacción normal de la naturaleza humana. Porque, siendo honestos, alguien que propone un contrapunto o una mirada distinta de los temas, es un incordio y una piedra en el zapato para directivos y jefes inmediatos, que obliga a repensar los procesos y a darle un giro de tuerca a las decisiones consideradas.

> Resistirse a planteamientos distintos y opuestos
> a nuestra manera de ver las cosas es una
> reacción normal de la naturaleza humana

Siempre es más agradable y llevadero recibir adhesiones fáciles de los demás, especialmente de quienes tienen que ejecutar las decisiones, que defenderse con buenos argumentos ante el sólido desafío de una persona que discrepa o de un grupo de disidentes.

Sin embargo, también para quienes tienen perspectivas distintas, es incómodo ser el que cuestiona o el que contradice una afirmación. Resulta más cómodo y sencillo guardarse los pensamientos o críticas en su interior y resignarse a las decisiones establecidas o de conveniencia del momento. Porque, al cuestionar un argumento y rebatirlo, se corre el riesgo de ser mal visto, despreciado por las ideas y, a veces, hasta ser expulsado del círculo de influencia o de los equipos de trabajo.

En realidad, muchas empresas adolecen de la práctica de la llamada «disidencia contributiva», que permite reunir diferentes voces y perspectivas en el equipo, para encontrar nuevas respuestas y soluciones a problemas críticos o a giros estratégicos en una organización.

El *disenso contributivo* permite crear espacios en los que varias personas en las reuniones de los equipos de trabajo pueden exponer sus diferentes planteamientos y contrapuntos, sin poner en jaque el liderazgo del jefe o la cohesión del equipo.

Este sano ejercicio de debate, sin apasionamientos ni prejuicios de base, consigue ver otros ángulos y posibilidades que contribuyen a la solución por encima de los eventuales conflictos personales o confrontaciones. Lo difícil es no enredarse en el «aquí siempre se ha hecho así» o en el «mejor lo viejo conocido que lo nuevo por conocer», porque lo que se lee entre líneas es que no hay margen para explorar vías nuevas de solución.

Una organización que no se abre a dialogar los problemas y evita hacer un autoexamen objetivo de sus limitaciones o puntos críticos, le resulta difícil plantearse la innovación porque prefiere situarse de modo estable en el *statu quo*. El tema aquí es salirse de la espiral de la rutina y el conformismo y empezar a formular nuevas preguntas, que deriven en un análisis más centrado en la realidad actual y en las perspectivas de futuro.

> Este sano ejercicio de debate,
> sin apasionamientos ni prejuicios de base,
> consigue ver otros ángulos y posibilidades

ACERTAR EN LAS PREGUNTAS

Un esquema funcional que suele ser muy útil para generar una cultura más estratégica e innovadora en las organizaciones es el método socrático. Este consiste en buscar de forma activa y participativa el conocimiento, a partir de reflexionar y explorar nuevas vías de solución para abordar los problemas. «Tal y como la magia pretende crear o transformar algo mediante actos y palabras, las preguntas son el preámbulo del descubrimiento y de la innovación; son el camino para identificar nuevas soluciones, descubrir necesidades y resolver problemas múltiples que existen en la mente de la otra persona» (Borghino, 2017).

La idea de fondo es salirse de lo meramente conceptual o ideológico, y despertar el pensamiento crítico. «Nunca te quedes con lo que la gente dice, indaga lo que quiso decir, cuál es su enfoque, en qué está pensando»

(*Ibídem*). Para ello, funciona bien que el líder o el moderador de la discusión proponga unas preguntas a los participantes del equipo, para ir hilando fino en la búsqueda de respuestas y en subrayar los hallazgos de este ejercicio interactivo.

Sin embargo, todo proceso de innovación requiere llevar la discusión de forma progresiva hasta ir escalando diversos niveles en la reflexión y el análisis de los temas, a través de establecer un esquema de pensamiento y acertar con las preguntas. «¿Por qué la innovación es tan difícil de predecir y de mantener? Porque no hemos formulado las preguntas correctas» (Christensen y otros, 2020).

Para esto, hay que tener claro que en una cultura de innovación, las ideas disruptivas son aquellas que modifican la forma como piensa la mayoría de las personas. En muchos lugares está instalada una determinada forma de pensar, que se ha preservado a lo largo del tiempo debido a la cultura corporativa o a la manera de ser de sus integrantes, y no se diga a la idiosincrasia propia de las personas. Einstein decía que «el secreto en la vida no es darles respuesta a viejas preguntas, sino hacernos nuevas preguntas para encontrar nuevos caminos».

> En una cultura de innovación,
> las ideas disruptivas son aquellas que modifican
> la forma como piensa la mayoría de las personas

Hay ideas tan novedosas y revolucionarias que son capaces de romper patrones propios de una determinada época o cultura, que generan importantes transformaciones en beneficio de muchos. Es el caso actual de la «cultura del teletrabajo», que después de la pandemia se ha extendido en la práctica laboral de muchas empresas y países, la cual ha permitido enlazar de forma remota a muchísimas personas de diversos países y procedencias profesionales.

Retomando la idea de acertar con las preguntas, el propósito es dar en el clavo con el hilo correcto de pensamiento y, con ello, establecer conexiones que permitan encontrar salidas novedosas a situaciones complejas y darle vuelta a enfoques cerrados o limitados de solución. Tiene razón Anthony Robbins cuando dice que «la gente exitosa sabe hacer preguntas inteligentes y en consecuencia toma mejores decisiones».

Un recurso interesante para incentivar una cultura de innovación en las empresas y organizaciones es aprender a incubar ideas como equipo. ¿Cómo? A partir de formular las preguntas oportunas y necesarias, que permitan aportar propuestas en la forma de fragmentos de solución, los cuales tienen todo el potencial de ser enriquecidos por la combinación de aportes en una sesión grupal de lluvia de ideas o utilizando una diversidad de modelos de discusión, como el *Modelo Canvas* o alguna otra herramienta metodológica. «La sabiduría nos indica que es más importante saber que estamos haciendo lo correcto

que la velocidad que le impregnamos a las conclusiones»
(Borghino, 2017).

Lo esencial es tener una idea de base que pueda ser
expuesta a la crítica, enriquecimiento y aporte de los integrantes de un equipo de innovación. «Para generar ideas
disruptivas necesitas altas dosis de creatividad. Y además,
incubarlas y compartirlas. No esperar a que te llegue la
idea brillante por arte de magia. Sino tener el valor de
hacer combinaciones de diferentes elementos (tecnología, mercado y modelo de negocio) que no tienen relación
aparente entre ellas» (Alba, Innolandia.es).

En otras palabras, es clave partir de un fragmento de
idea, que pueda ser ampliado y completado por los demás
miembros de un equipo hasta tener una mayor claridad
en su formulación. De tal modo, que ese primer atisbo
de planteamiento derive en una idea que se pueda soste-
ner por sí misma y permita identificar nuevos espacios de
oportunidad.

2.
IDENTIFICAR NUEVOS ESPACIOS
DE OPORTUNIDAD

*«El gran reto de las organizaciones
es cómo transformar las narrativas de amenaza
en narrativas de oportunidad».*
John Hagel

En una conferencia sobre innovación a la que asistí hace un tiempo, el expositor comenzaba la sesión cuestionando a los participantes acerca del destino que corrieron algunas empresas exitosas de finales del siglo XX y principios del XXI: «¿Qué tienen en común *Blackberry, Blockbuster, NYC Yellow Taxi Cab…* y tantas empresas más?». Su respuesta fue categórica: «Todas estas empresas se quedaron atrás en la innovación y fueron superadas por empresas que ofrecieron propuestas innovadoras y valores agregados a sus usuarios y consumidores».

La sesión avanzaba y nos propuso otra pregunta inquietante: «¿Por qué las empresas tienen problemas para innovar?». A partir de aquí, nos expuso un elenco de paradigmas empresariales que limitan la capacidad de proponer alternativas novedosas para el desarrollo de productos y servicios:

1. *«Creer que es necesario hacer I+D para innovar»*

Esta es una creencia muy recurrente en las empresas, que asumen que la clave está en hacer estudios técnicos o científicos para conocer y descubrir nuevos espacios de oportunidad y/o tomarle el pulso al mercado. «Nunca antes las empresas habían tenido a su disposición herramientas y técnicas más complejas, y ahora se destinan más recursos que nunca a conseguir objetivos de innovación» (Christensen y otros, 2020).

Por supuesto que es importante investigar para tener información relevante y tomar mejores decisiones, pero la próxima gran innovación no necesariamente surge solamente de un estudio, una aplicación práctica o una muestra estadística, sino también de observar el entorno y comprender las dinámicas y preferencias de consumo, para tener un conocimiento antropológico del consumidor. En todo caso, la innovación es la combinación de conocimientos, experiencias y una buena dosis de intuición.

2. *«Pensar que basta aplicar la creatividad»*

Porque no obstante la creatividad es la capacidad de generar nuevas ideas o conceptos, o nuevas combinaciones de estos, la innovación no solo deriva de ella, sino de su originalidad, adaptabilidad y viabilidad en el tiempo, de la que se enriquece con diversos hallazgos y posibilidades. La creatividad es valiosa porque forma parte de un proceso, en donde la idea se pone a prueba y cobra vida en la medida que resuelve un problema o satisface una necesidad.

3. *«Subestimar la cultura y el talento»*

Es decir, considerar a las personas, ideas o acciones por debajo de su valor, lo cual impide apreciar su dignidad, intelecto y sentido de iniciativa. Todo lo cual limita la capacidad de abrir espacios de participación a muchas personas y nuevos planteamientos. Esto representa una enorme pérdida de aportes e ideas, de la que nunca sabremos su verdadero impacto.

Es verdad que en materia del saber no todos somos iguales, pues no sabe lo mismo un padre que un hijo, un maestro que un alumno, un jefe que un subordinado, porque el conocimiento adquirido y la experiencia están directamente relacionados con las lecciones aprendidas a lo largo de la vida.

4. *«No tener instalado un proceso para llevar ideas a resultados».*

Esto supone un despropósito y una gran decepción, porque las ideas quedan solo formuladas, discutidas, cuestionadas o aplaudidas y, finalmente, engavetadas u olvidadas en el limbo de las reuniones. Por lo cual, la inmensa mayoría o incluso la totalidad de ellas no dan el salto al siguiente nivel, al espacio de ser puestas a prueba en la vida real y generar resultados. Por esto es muy sabio que las ideas tengan un padrino o madrina que las acompañe y dé seguimiento, para que puedan seguir una ruta de desarrollo y eventual aplicación.

5. *«Centrarse solo en el día a día y en resolver problemas»*

Lo cual se llama rutina de trabajo, donde la agenda y el programa de reuniones se imponen a la capacidad de observar, contemplar, analizar y ver más allá de los problemas diarios, que impide a las personas prestar atención y enfocarse en los temas decisivos. El día a día no tiene freno y cada jornada presenta sus propios desafíos, por lo que es esencial encontrar tiempo para lo importante y no urgente: la preparación, la planificación, la estrategia, la creación de relaciones, la perspectiva, entre otras acciones.

6. *«Dejarse llevar por las modas y el exceso de terminología»*

Estos factores representan cambios semánticos en el modo de llamar a las cosas y conceptos, pero que muchas veces aluden a los mismos temas de siempre. O, por el contrario, son nuevos términos que no necesariamente significan lo mismo para todos y que ponen de cabeza a las organizaciones por el afán de no quedarse atrás y estar al corriente de las tendencias del momento.

Pero, en honor a la verdad, toda irrupción de una nueva terminología o asimilación cultural de nuevos conceptos, significa una adición en el vocabulario que pone a prueba el sentido común y la capacidad de adaptarnos o no al cambio.

Al escribir este libro, la moda actual es todo lo referido a la Inteligencia Artificial (en adelante IA) y, específicamente, el famoso *ChatGPT* y una diversidad de aplicaciones y chatbots de IA, entre los que figura *Bard* de Google. Sin embargo, las tendencias y novedades tecnológicas deben comprenderse y saber bien sus usos, para que pueda sacarse provecho de sus ventajas y potencialidades.

Pero entonces, si estas son algunas de las circunstancias que limitan la innovación, ¿cómo podemos llegar a ella y descubrir nuevos espacios de oportunidad para acertar? La respuesta no es sencilla, pero a tenor de lo que sostienen los expertos, la innovación va más allá de poner en acción el intelecto o de jugar con las posibilidades creativas de los que piensan. Porque, como bien decía este mismo expositor: «Innovación es lo que empieza cuando terminamos de divertirnos con los *post-it*».

Por eso es bueno tener una base metodológica y estratégica que permita generar nuevos hallazgos para ganar tiempo en el proceso innovador y situarnos rápidamente en la senda del éxito. Pero, antes de cualquier otra cosa, es esencial darle un sentido de propósito que inspire e ilumine el itinerario a seguir.

> La innovación va más allá de poner en acción
> el intelecto o de jugar con las posibilidades
> creativas de los que piensan

EL VALOR DE LA INNOVACIÓN DISRUPTIVA

Leo en la prensa económica que la gran aspiración de muchos emprendedores tecnológicos y de las llamadas *startups*, es convertirse en la próxima empresa «unicornio» y tocar el cielo de los negocios, sin tener que estar en la bolsa de valores o ser adquiridos por terceros.

Todo es posible para el que tiene una idea poderosa, el talento y los medios para desarrollarla, así como las ganas de comerse el mundo, pero este «éxito» habitualmente no es algo improvisado, sino fruto de una conjunción de elementos y circunstancias favorables que se alinean en una gran causalidad.

Quizá conozcas el caso de NotCo, una empresa de tecnología alimentaria liderada por un equipo de jóvenes chilenos que está desarrollando productos de origen vegetal para sustituir productos alimenticios de origen animal.

Según su CEO, Matías Muchnick, «comemos lo que comemos porque nos hace felices, pero lo que nos hace felices también nos está haciendo muy mal a nosotros, al medio ambiente y, simplemente, no entendemos lo que comemos» (Muchnick, 2019). En su lugar, él propone una alternativa saludable para obtener los mismos beneficios alimentarios, pero por medio de vegetales. «La idea es simple, exploramos todas las plantas del reino vegetal y tratamos de identificar todas aquellas que puedan reemplazar todos los ingredientes que vienen tradicionalmente de origen animal» (*Ibídem*).

Para ello utilizan IA por medio de *«Giuseppe»*, un algoritmo capaz de encontrar y combinar los ingredientes necesarios para imitar un producto basado en ingredientes naturales. A partir de este requerimiento de un producto particular, el algoritmo empieza a generar la respectiva receta para elaborarlo.

Gracias a ello han creado la *NotMayo*, una mayonesa producida íntegramente con ingredientes vegetales, que imita en olor, gusto, textura, color, sabor, aroma y atributos nutricionales a la mayonesa de origen animal. Lo interesante según Muchnick es que este producto vegetal produce menos dióxido de carbono y menos uso de agua en su elaboración.

¿Cómo se llega a un triunfo así o a posicionarse rápidamente con un producto innovador en el mercado? Situándose en la posición de una nueva generación de potenciales consumidores y usuarios, para atender sus preferencias, satisfacer sus necesidades y superar sus expectativas. Pero especialmente, teniendo un propósito claro de negocio, un equipo humano con la debida preparación y el apoyo tecnológico de medios que permitan convertir las ideas en proyectos en acción.

Sin embargo, habitualmente las empresas entienden que la innovación es fruto de un proceso técnico que parte de un esquema metódico y detallado para sacar un producto atractivo y funcional que el mercado premia con su preferencia y consumo. «Principios como los de *seis sigma* han impregnado el diseño de procesos de innovación de manera que ahora contamos con mediciones precisas y requisitos estrictos que deben cumplir los productos nuevos en cada etapa de su desarrollo» (Christensen y otros, 2020).

Por lo tanto, para la gran mayoría de las empresas, la innovación es costosa e inmensamente enigmática, porque a medida que avanzan en el proceso tienen la sensación de ir acercándose a la meta sin que esto ocurra realmente. Por lo que invierten cada vez más recursos en investigación, en mejores atributos, así como en prototipos depurados, pero no siempre consiguen dar en el blanco con las preferencias del mercado y cautivar con un producto realmente innovador, que permita dar el salto cualitativo y cuantitativo en el escenario competitivo.

En este sentido, la innovación disruptiva no está formulada para indicarnos dónde buscar nuevas oportunidades o en cómo debe innovar una empresa para poner en jaque a los que dominan el mercado o, aún mejor, en dónde introducirse y competir con éxito. Tampoco está hecha para aliviar las tensiones que provocan los riesgos de la innovación o en cómo gestionar los imponderables de las decisiones directivas. Incluso tampoco se ocupa de dar señales concretas de cómo crear productos y servicios de gran éxito comercial o de gran impacto en el mercado.

Por el contrario, lo que sí hace la innovación disruptiva es cambiar los parámetros que redefinen la industria en términos absolutos y transforman el mercado. «Mi teoría de la innovación disruptiva, que explica el fenómeno mediante el cual una innovación transforma un mercado o sector existente introduciendo sencillez, conveniencia, accesibilidad y asequibilidad donde la complicación y los costos elevados se han convertido en el *statu quo*, lo que al final redefinirá la industria por completo» (*Ibídem*).

> Lo que sí hace la innovación disruptiva
> es cambiar los parámetros que redefinen la
> industria en términos absolutos y transforman
> el mercado

Pero lo habitual es que en todo proceso transformador los directivos centren su atención en identificar las razones que impiden a sus empresas alcanzar y mantener el éxito de sus emprendimientos y grandes esfuerzos de innovación, cuando lo que deberían estar pensando es lo contrario: ¿Qué teclas se deben activar para que sus organizaciones toquen la flauta del mercado y conviertan en oro todo lo que tocan?

Es decir, no dedicar todo el esfuerzo a conocer el rendimiento cuantitativo de los productos o a la aceptación histórica de los clientes a ellos, sino al buen trabajo cualitativo que esos productos realizan para los clientes. En otras palabras, es importante determinar las claves del trabajo de esos productos en el mercado.

LA TEORÍA DE LOS TRABAJOS

Hace unos años, varios autores proponían «La teoría de los trabajos», una noción muy interesante que procura explicar la relevancia de comprender el comportamiento de los clientes para hilar fino en el proceso innovador. «La teoría de los trabajos proporciona una forma eficaz de comprender el mecanismo causal del comportamiento de los clientes y este entendimiento es, a su vez, el motor fundamental del éxito de la innovación» (Christensen y otros, 2020).

La riqueza de esta teoría no está cifrada en comprender las razones de los aciertos pasados, sino en anticipar los éxitos venideros. Como decía el gran poeta Antonio Machado: «Caminante, son tus huellas el camino y nada más; caminante, no hay camino, se hace camino al andar». Es decir, que esta teoría es un mecanismo poderoso para situar a una organización ante las claves de preferencia de los clientes, según sus circunstancias y comportamientos actuales.

> La riqueza de esta teoría no está cifrada
> en comprender las razones de los aciertos
> pasados, sino en anticipar los éxitos venideros

Valga como ejemplo el caso de una cafetería que tiene fama de ofrecer el mejor café de máquina del área en el servicio *express*. Su gerente advierte que la mayoría de sus clientes pasan comprando café en la mañana, pero muy pocos en la tarde. El gerente se queda intranquilo con este dato y se toma el tiempo de observar el flujo de vehículos para entender el comportamiento de consumo.

Decide consultar a una muestra de clientes habituales, coteja la información, analiza los resultados y, ¡bingo! Descubre que sus clientes compran el café caliente en la mañana cuando están por llegar a sus trabajos, pero en la tarde tienen más tiempo en ruta y, acusando la fatiga de la jornada, prefieren consumir una bebida refrescante (que puede ser de café o no), mientras escuchan las noticias o su música favorita.

Ese hallazgo, a partir de una circunstancia concreta de consumo, le permitió a esta cafetería diversificar su oferta de bebidas derivadas de café y disponer de un menú más adecuado para satisfacer la demanda en horas no habituales de café caliente. Y esto mismo puede ser aplicado a modos de consumo a través del servicio *express* o a domicilio, puesto que hay circunstancias que lo facilitan y alientan, como el trabajo en casa o un tráfico descomunal en horas pico.

Pongo este ejemplo tan básico para evidenciar la importancia de comprender el proceso causal de consumo de un cliente habitual a un producto determinado. Cuando llevamos esta dinámica de comprensión del comportamiento del cliente, podemos adaptar las condiciones internas para innovar en la oferta de opciones y ofrecer valores agregados en nuestros productos y servicios.

En el caso de una organización que tiene un amplio catálogo comercial o gran presencia en varios sectores de negocio, se puede aplicar esta misma acción para determinar la viabilidad futura de sus productos en el mercado a partir del conocimiento adquirido de las conductas y preferencias de sus clientes.

GESTIONAR EL CONOCIMIENTO

A principios de este nuevo milenio ya se hablaba de la importancia de gestionar el conocimiento en las organizaciones, como un medio poderoso para capitalizar el valor de las ideas, talentos y cualidades, y mejorar el desempeño personal de los miembros de un equipo.

Al respecto, se ha escrito que «la gestión del conocimiento en las organizaciones puede ser entendida como la planificación, sistematización y coordinación de la transferencia del capital intelectual que cada miembro de aquellas necesita para mejorar su rendimiento y competitividad» (Allepuz, 2000). En otras palabras, se trata de convertir en capital los saberes, capacidades y habilidades de las personas para ser utilizado como valor de cambio del nuevo mercado.

Asimismo, con esta moneda de cambio se pretende, por una parte, que las personas que forman parte de una organización sean capaces de compartir su saber para enriquecerse mutuamente y, por otra, que ese acervo intelectual permanezca vigente cuando las personas dejen de pertenecer a una determinada organización.

Las personas constituyen el pilar fundamental en toda organización, y cobran más importancia cuando se trata de potenciar y garantizar el conocimiento. En este caso, proporcionar la formación adecuada debe ser una de las principales bases para una buena gestión del conocimiento.

> Las personas constituyen el pilar fundamental
> en toda organización, y cobran más
> importancia cuando se trata de potenciar
> y garantizar el conocimiento

Sin embargo, las personas no trabajan aisladamente, por lo que es muy importante facilitar la relación entre ellas para que el conocimiento fluya oportunamente en y desde las organizaciones. Eso se consigue cuando se genera "capital social", es decir, cuando las organizaciones contribuyen a satisfacer las necesidades de interacción social o de reconocimiento de las personas.

La capacidad de gestionar el conocimiento es propia de organizaciones inteligentes que procuran desarrollar y potenciar conocimientos, aumentar el capital intelectual con el fin de compartirlo y distribuirlo entre las personas para crear valor y presentarlo como elemento diferenciador en el mercado.

Pero entonces, ¿cómo aprovechamos este inmenso caudal de conocimiento que tienen las organizaciones? Primero, catalogando ese conocimiento según diversas categorías y contextos; segundo, identificando hallazgos clave según las circunstancias concretas de cada ciclo comercial considerado; y tercero, siendo objetivos para hacer a un lado aquellas tecnologías, procesos y formas de hacer las cosas que no funcionaron en las diversas etapas vividas como organización. Ese conocimiento es sumamente valioso para no repetir errores y aprovechar el conocimiento efectivo de las mejores decisiones tomadas a lo largo del tiempo.

Un viaje al desarrollo tecnológico

En el 2007 viajé a la República de China, Taiwán, invitado en calidad de profesor universitario. La experiencia fue muy ilustrativa para conocer la realidad política, económica y social de este país, que representa un fenómeno de éxito innovador en muchos campos de la tecnología. Más allá de sus conflictos geopolíticos y diplomáticos, esta pequeña isla de 36 mil kilómetros cuadrados es un ejemplo de superación continua y de cómo sacar partido a las desventajas de su territorio, situación geográfica y relación política con sus aliados y adversarios.

A lo largo de la semana que estuve en la isla, me sorprendió conocer su sistema de transporte público y red de carreteras, su archifamoso rascacielos *Taipéi 101* (que en ese momento era todavía el edificio más alto del mundo) y otras magníficas edificaciones de gran valor arquitectónico, así como el potente desarrollo tecnológico que se lleva a cabo en varios parques científicos del país.

De estos, me gustó mucho lo que vi en el Instituto de Investigación de Tecnología Industrial (ITRI, por sus siglas en inglés), que está ubicado en el norte de la isla en una ciudad llamada Hsinchu, el cual «tiene como objetivo conectar la red global del ecosistema de tecnología innovadora y vincular a Taiwán con el mundo» (itri.org. tw) a través del desarrollo de innovaciones y aplicaciones en cuatro áreas clave: vida inteligente, salud de calidad, medio ambiente sostenible y tecnología que permite la inteligencia (Cfr. *Ibídem*).

Lo sorprendente de este centro de investigación es su productividad innovadora, que junto a varias agencias gubernamentales y universidades, ha producido miles de patentes de nanotecnología disponibles para uso industrial y comercial. No en vano, recibían ya entonces una suma de quinientos millones de dólares anuales de fondos estatales para desarrollar la investigación al más alto nivel.

Por eso, además de los sofisticados semiconductores, sensores y dispositivos que llevan incorporados muchos equipos informáticos o biomédicos, han producido tejidos inteligentes hechos con nanotecnología que les permite desarrollar textiles, muebles y otra serie de objetos para el uso personal, el hogar y la vida al aire libre. La variedad de sus logros es amplia, pero recuerdo especialmente una pelota de beisbol forrada con cuero hecho con nanotecnología, que según sus cálculos tendría una vida útil y efectiva más larga que la tradicional pelota de cuero de caballo o de vaca. Y, así como ese, había una gran variedad de objetos más.

¿Qué aprendizaje se puede sacar de este esfuerzo articulado en honor de la innovación? La respuesta más inmediata está en las enormes potencialidades de invertir recursos públicos y privados en estos semilleros de innovación, pero especialmente en formar y atraer gente talentosa a estos parques de investigación científica.

La buena noticia es que varios países de este lado del mundo se están incorporando progresivamente a esta revolución industrial que genera la nanotecnología, como es el caso de Argentina, Brasil, Colombia, Costa Rica, Chile y México, entre otros. Caso aparte es España y Portugal, que incluso crearon en 2009 el primer centro mundial de investigación en nanotecnología. Y ya no se diga el caso de otras potencias europeas y norteamericanas, que tienen un amplio avance de desarrollo y colaboración en la materia.

DESCUBRIR NECESIDADES NO SATISFECHAS

Este fenómeno de cooperación y articulación de esfuerzos tecnológicos no necesariamente tiene lugar en el mundo de las grandes marcas y corporaciones, sino que se logra particularmente en las pequeñas y medianas empresas, que se integran en cadenas de valor para aprovechar las economías de escala y buscar nuevos mercados a los que puedan atender con sus innovaciones.

En otros casos, se trata de colectivos de emprendedores o de organizaciones pequeñas que ensayan nuevas fórmulas de negocio para desarrollar y producir tecnología de punta, que permiten cubrir necesidades no satisfechas por las poderosas empresas dominantes. Porque, como hemos dicho antes, estos emprendedores se pueden organizar mejor para responder más rápidamente a las oportunidades de crecimiento en un mercado de menor tamaño, a diferencia de las grandes firmas establecidas.

La clave de estas iniciativas personales o de atrevidos emprendedores radica en desarrollar tecnología útil para el consumo, ya sea derivada de hallazgos de terceros o de tecnología de punta creada a base de «prueba y error» en sus garajes, pequeñas oficinas o incipientes laboratorios de tecnología.

La clave de estas iniciativas personales o
de atrevidos emprendedores radica en
desarrollar tecnología útil para el consumo

Pienso en todo el desarrollo de aplicaciones móviles y chatbots de inteligencia artificial, videojuegos, sensores biométricos y software de diversa utilidad personal y empresarial, entre otros. Pero también se encuentran en este apartado los emprendimientos creativos para músicos, producción audiovisual, robótica y accesorios electrónicos para hacer deporte y disfrutar del entretenimiento, así como tecnología para mejorar el servicio al cliente. Los cuales, a su vez, tienen ramificaciones en sectores como la salud, educación, finanzas, banca personal y consumo masivo.

Y ya no se diga todos los esfuerzos tecnológicos en realidad aumentada, ciberseguridad, reconocimiento facial, gestión de información médica, análisis bioquímico, activación cardiovascular, *blockchain*, captación de energía no fósil, internet de las cosas y procesamiento masivo de datos, entre otros.

ENCONTRAR NUEVAS NARRATIVAS DE OPORTUNIDAD

Por lo tanto, la capacidad de abrirse un espacio de oportunidad en este mundo tan competitivo, tecnológico y dinámico, tiene ahora que ver más con la actitud de encontrar un *porqué* a las innovaciones que solo centrar la atención en el *cómo* y el *qué* de lo que se ofrece. Puesto que un *porqué* se convierte en un propósito que integra una visión, una cultura y una nueva forma de entender la vida de las personas, que ahora prestan más atención a lo que está atrás de lo que compran y consumen.

En este caso, la riqueza de un nuevo producto o una serie integrada de estos tiene mucho que ver con la narrativa que enriquece y dota de originalidad a un producto. «La capacidad de contar buenas historias se ha convertido en la principal habilidad en el campo de la innovación y transformación» (Cfr. Moss Kanter, 2020).

> La riqueza de un nuevo producto o una serie integrada de estos, tiene mucho que ver con la narrativa que lo enriquece y dota de originalidad

De hecho, este ha sido el gran éxito de *Apple*, que no se dedica expresamente a vender los diversos atributos y funcionalidades de cada uno de sus productos (el *qué* y el *cómo*), sino que en su publicidad y escaparates reflejan que su tecnología tiene que ver con un modo de ser y de pensar en esta nueva cultura y sociedad (el *porqué*). Por eso, su eslogan lo resume de forma sintética, pero evidente: «Piensa diferente».

De esto hablaremos en el próximo capítulo, cuando nos enfoquemos en «pensar fuera de la caja».

3.
PENSAR FUERA DE LA CAJA

> *«La mejor forma de predecir*
> *el futuro es inventarlo».*
> **Alan Kay**

Es frecuente que en las reuniones de trabajo o en las sesiones de consultoría, el que preside la reunión o el consultor de turno aluda a esta metáfora como mecanismo de solución a los problemas más complejos que se nos presentan.

Cuando surge una dificultad, aparentemente infranqueable, a la que no se le encuentra pies ni cabeza, ni una salida factible para resolverla, se dice entonces que la respuesta puede estar fuera de los márgenes de cada situación y lo que conviene es «pensar fuera de la caja».

Visto así, la caja representa todo el conjunto de conocimientos, experiencias y actitudes que le permiten a una persona u organización enfrentar un asunto o conflicto con las herramientas de siempre y que no necesariamente son suficientes para resolverlo. Pero también la caja puede significar todos los límites que nos impiden pensar de forma creativa o disruptiva, porque nos mantiene atados a viejos paradigmas.

Pensándolo bien, incluso esta idea de contar con límites claros, concretos y definidos que nos encasillan e impiden innovar, puede verse desde un enfoque diferente, puesto que quizás siempre estamos dentro de una caja que nos cobija, aloja y limita: el entorno, la cultura, la forma de trabajar, la mentalidad existente, los prejuicios sociales, los antecedentes personales y profesionales, la experiencia adquirida, entre otros. Por eso, aunque podamos creer que es factible salirnos de esos marcos o paradigmas existentes, la realidad nos dice que los límites a veces son invisibles y más complejos de lo que imaginamos.

> La caja puede significar todos los límites que nos impiden pensar de forma creativa o disruptiva, porque nos mantiene atados a viejos paradigmas

Por lo tanto, en lugar de buscar soluciones imposibles de comprender con las referencias actuales que cada uno tenga, una manera alternativa de pensar es buscar nuevas formas de ver el problema desde una perspectiva diferente. Es decir, ampliar el enfoque del problema, para encontrar nuevas posibilidades de respuesta dentro de la caja, a partir de una mirada panorámica que tome en cuenta las complejidades y contradicciones de la realidad actual, sin necesariamente salirnos totalmente de ella o apostando por un cambio de mentalidad.

Esto significa que las personas, empresas y organizaciones que han funcionado siempre de una determinada manera, cuyas formas de pensar y experiencias los han llevado hasta donde están, tienen un margen exitoso de respuesta en la medida que acepten cambiar alguno o varios de sus paradigmas de siempre. Posiblemente, la mejor salida sea buscar conexiones entre ideas en apariencia disimiles o dispares, o aplicar principios de otras disciplinas a los diversos problemas que se nos presenten.

De hecho, una vez se ha decidido modificar algún patrón o esquema previo, la magia opera una transformación de la mentalidad y las organizaciones empiezan a encontrar respuestas nuevas a sus habituales inquietudes o dilemas. En este caso, pensar fuera de la caja no es otra cosa que tomar de referencia variables distintas, que antes era impensable considerar o disponer, pero que ahora merece la pena tomar el riesgo de hacerlo.

> Pensar fuera de la caja no es otra cosa que tomar de referencia variables distintas, que antes era impensable considerar o disponer

No necesariamente tiene que ser un cambio súbito de ciento ochenta grados en la forma de pensar, pero si es necesario y admisible considerar las ventajas de sumar nuevas ideas, recursos y talentos. Esto es, hacer nuevos equipos de trabajo, pedir ayuda a especialistas externos, cambiar la hipótesis establecida, considerar escenarios nuevos y revisar los parámetros de las decisiones habituales, sin sacrificar los principios o fundamentos, pero con la disposición genuina de ver otras opciones y formas que permitan aprovechar los recursos disponibles y la capacidad de integrar voluntades en el proceso.

Pensar desde fuera, actuar desde dentro

Si seguimos este hilo de pensamiento, la mejor combinación puede ser pensar desde fuera y actuar desde dentro. En otras palabras, conviene salirnos un poco de nuestros límites convencionales y de las formas habituales de entender la realidad, para ver la situación con ojos nuevos. Pero al enfocar nuevamente hacia la situación particular, conviene aplicar con audacia lo que hemos aprendido de forma panorámica y llevarlo pronto a la dinámica de la vida interior de las organizaciones.

Visto de este modo, pensar desde fuera también podría significar apartarse momentáneamente del día a día y dedicarse a un ejercicio de trabajo que acierte en las mejores vías de solución que trasciendan los conflictos o desafíos de turno. Si este es el caso, lo mejor es enemigo de lo bueno, por lo que se debe invertir tiempo en estudiar los problemas, pero no agobiarnos por ellos, sino más bien aprender a ver más allá de las apariencias y autojustificaciones de siempre, para derivar en una interpretación más objetiva de la realidad y determinar los mecanismos de acción que se requieren ejecutar en este nuevo escenario enfrentado.

> Pensar desde fuera también podría significar
> apartarse momentáneamente del día a día

Porque las respuestas no es que sean imposibles de encontrar, sino que nuestros ojos están cerrados a verlas, como velados a ellas, y nos parece que habitamos en un espacio de oscuridad o extrema miopía. En este punto ciego e incierto, todo parece magnificado, amenazante y peligroso, a tal punto que si nos movemos en la dirección habitual terminamos encontrando de frente los obstáculos de siempre y la resistencia de quienes no están dispuestos a moverse.

Por eso, si la decisión es salirse de ese espacio de oscuridad y falta de certezas, resulta positivo que entre un poco de luz y aire en esa habitación, para ver mejor lo que me rodea y distinguir otras rutas de salida. Pero, una vez he identificado aspectos de mejora, es el momento de regresar a ella y mover lo que nos interrumpe el paso, despejar el área de objetos inertes y limpiar el piso de materiales que impiden caminar con decisión.

> Una vez he identificado aspectos de mejora,
> es el momento de regresar a ella y mover
> lo que nos interrumpe el paso

Recuerdas *Matrix*, la película que inició la saga homónima de filmes de acción y ciencia ficción, cuyo protagonista es *Neo* (Keanu Reeves), un joven *hacker* liberado de la dominación de las máquinas por *Morfeo* (Laurence Fishburne), líder del movimiento de resistencia que lucha contra la opresión que ejercen las máquinas y la inteligencia artificial, representada por la *Matrix*, un programa informático que tiene atrapada a la raza humana en una realidad virtual (*Matrix*, 1999).

Para lograr su cometido, las máquinas cuentan con el servicio del implacable *agente Smith* (Hugo Weaving), un personaje virtual que actúa imperturbablemente para impedir que los rebeldes rescaten a más personas que están conectadas a la máquina, ya que está programado para neutralizar a cualquiera que amenace la realidad de *Matrix*. Pero *Morfeo* no está solo, porque cuenta con el apoyo táctico de *Trinity* (Carrie-Anne Moss), una *hacker* que lucha intensamente para lograr que *Neo* triunfe en su misión de salvar a la humanidad de la esclavitud del sistema, según una profecía que le tiene como el *Elegido*.

En una de las escenas más emblemáticas de la película, *Morfeo* le ofrece a *Neo* dos píldoras: una azul para continuar con la ilusión y una roja para descubrir la verdad y librarse de la dominación. Elige la roja, y a partir de aquí tomará conciencia de su rol en la resistencia contra las máquinas y rescatará a *Morfeo,* que ha sido secuestrado.

Para comprender lo que está ocurriendo y vencer, *Neo* aprende a superar las reglas de la simulación y a luchar con las herramientas de ese mundo virtual, porque la batalla se libra en el interior de *Matrix*. No es una batalla fácil, pero logra vencer con astucia, sagacidad y destreza. El desafío es «liberar la mente» de sus propias percepciones y limitaciones que tiene en la vida real y aprender a sortear las múltiples dificultades en la realidad simulada de la máquina.

Este ejercicio que hace el protagonista de salirse del sistema que limita sus funciones y le impide actuar con libertad en el mundo virtual, puede servirnos de analogía para comprender la importancia de hacer un cambio de esquema en la rutina habitual y pensar los próximos pasos fuera de la caja. Esa actitud de situarse afuera de los límites actuales nos hace mirar la situación con una óptica distinta, sin la presión o proximidad de los problemas y circunstancias existentes y, en su lugar, nos permite aplicar la apertura de mente para explorar nuevas perspectivas y soluciones.

Pero una vez se tiene claro un panorama con más información y referencias, es importante regresar al interior y poner en orden las ideas, así como los nuevos aprendizajes adquiridos, para recuperar el orden y el control de la situación particular, de tal modo que se puedan aprovechar el talento y los recursos disponibles.

En ocasiones, durante el proceso de aplicar las soluciones, hay que renunciar a ciertas variables y elementos que antes se daban por imprescindibles y necesarios, pero que al verlos de cerca no aportan el valor requerido para lograr resultados. Por el contrario, cuando se está en un proceso de innovación o de planificación estratégica, hay que pensar fuera de la caja e incorporar nuevas variables en el análisis. De esto y más se trata la estrategia del océano azul.

Buscar nuevos océanos azules

En los primeros años del nuevo milenio, dos autores publicaban *La Estrategia del Océano Azul* (Mauborgne y Chan, 2012), un libro de referencia para aprender a pensar fuera de la caja, ver opciones de cómo maximizar las oportunidades y minimizar los riesgos en el mercado. En sus palabras, «la estrategia del océano azul es un desafío para que las compañías abandonen el sangriento océano de la competencia y creen espacios seguros en el mercado donde la competencia no tenga importancia» (*Ibídem*).

Porque la competencia funciona como una guerra sin cuartel, en la que hay que echar mano de una variedad de tácticas, recursos y acciones que suponen un importante desgaste material y humano para vencer al rival. Este choque de posiciones deriva en una guerra de precios y la consabida reducción de márgenes de utilidad, que tiñe de sangre el océano y lo hace rojo, según la analogía del libro. En su lugar, estos autores proponen una serie de herramientas analíticas y esquemas para aprender a responder estratégicamente a este desafío, sin morir en el intento. «La única manera de vencer a la competencia es dejar de tratar de vencerla» (*Ibídem*).

Según ellos, hay varios casos de compañías que han aplicado con éxito esta estrategia. En concreto, mencionan el caso del *Cirque du Soleil*, que desde su fundación ha sabido ser un ejemplo de diferenciación a través de lo que denominan *innovación en valor*, que le aporta una ventaja estratégica a su experiencia de entretenimiento. «La innovación en valor es la piedra angular de la estrategia del océano azul». Pero esta innovación «solo ocurre cuando las compañías logran alinear la innovación con la utilidad, el precio y las posiciones de costo» (*Ibídem*).

> «La innovación en valor es la piedra angular
> de la estrategia del océano azul»

El *Cirque du Soleil* no es un circo como los de siempre, sino algo diferente, único y fuera de lo tradicional. «En lugar de aplicar la lógica convencional de ganarle la partida a la competencia ofreciendo una solución mejor –un circo más divertido y más emocionante– quiso ofrecer al público la diversión y las emociones del circo *simultáneamente* con la sofisticación intelectual y la riqueza artística del teatro. Por consiguiente, redefinió el problema mismo en otros términos» (*Ibídem*).

En otras palabras, no buscaron soluciones para los problemas existentes o habituales del concepto del circo, sino que redefinieron el problema alrededor del cual opera su sector o industria. Por lo cual, ampliaron el espectro del alcance tradicional de ese tipo de entretenimiento y, con ello, crearon un océano azul de un mercado que no existía.

Tiene sentido este planteamiento innovador, porque ha llevado su propuesta de negocio a un nuevo terreno donde no ha encontrado la competencia habitual. «Una de las observaciones más relevantes de los últimos años es que las innovaciones más disruptivas no suceden en tu terreno competitivo habitual, sino en una nueva tarta que crece alejada de donde tu compites, en ocasiones incluso en un punto ciego desde tu posición de empresa establecida» (Bofarull, 2020).

Por eso, hay dos herramientas clave para formular la estrategia del océano azul: la primera, el cuadro estratégico para desarrollar el diagnóstico de una determinada industria y sus variables competitivas; y la segunda, el esquema de cuatro acciones que permite identificar los elementos de valor para el comprador, así como cuestionar la lógica estratégica y el modelo de negocios de una industria, el cual plantea cuatro preguntas clave: «1. ¿Cuáles variables que la industria da por sentadas se deben *eliminar*?; 2. ¿Cuáles variables se deben reducir *muy por debajo* de la norma de la industria?; 3. ¿Cuáles variables se deben incrementar *muy por encima* de la norma de la industria?; 4. ¿Cuáles variables se deben *crear* porque la industria nunca las ha ofrecido?» (Mauborgne y Chan, 2012).

Este esquema de cuatro acciones deriva en una tercera herramienta que ellos llaman la matriz «*eliminar-reducir-*

incrementar-crear», que establece acciones concretas para crear una nueva curva de valor. Por eso, al aplicar esta matriz en el caso concreto de *Cirque du Soleil*, muestra las variables que sus fundadores definieron para articular su experiencia diferenciada de entretenimiento:

MATRIZ DE LAS CUATRO ACCIONES:
EL CASO DE *CIRQUE DU SOLEIL*

Eliminar	Incrementar
▪ Las estrellas ▪ Los espectáculos con animales ▪ Las concesiones en los pasillos ▪ Las pistas múltiples	▪ Un solo escenario
Reducir	**Crear**
▪ La diversión y el humor ▪ El suspenso y el peligro	▪ Un tema ▪ Un ambiente refinado ▪ Múltiples producciones ▪ Música y danza artística

Fuente: *La Estrategia del Océano Azul* (Mauborgne y Chan, 2012)

¿Cuál fue el resultado de definir esta matriz de acciones en su innovación en valor? *Cirque du Soleil* creó «una curva de valor única y excepcional para abrir un océano azul», que contaba con tres cualidades complementarias:

foco, divergencia y un mensaje central contundente, porque «sin esas cualidades, lo más probable es que la estrategia de una compañía sea confusa, carente de diferenciación y difícil de comunicar, y conlleve una estructura de costos elevados» (*Ibídem*).

Cirque du Soleil creó «una curva de valor única y excepcional para abrir un océano azul», que contaba con tres cualidades complementarias: foco, divergencia y un mensaje central contundente

---

Por lo tanto, estas herramientas de análisis permiten disponer de un cuadro, un esquema y una matriz que reúne las variables y acciones necesarias para articular una estrategia ganadora que trasciende las usuales amenazas de una guerra comercial.

Poner todo en función de una propuesta de innovación da lugar a una redefinición de los problemas habituales de una industria y, con ello, establecer variables diferenciadoras para disponer de ventajas comparativas que permitan anticiparse a escenarios adversos.

ANTICIPAR EL FUTURO

Decíamos al inicio de este libro que innovar es anticipar el futuro, ganar tiempo para aprender a dar respuesta a las grandes inquietudes que tenemos en el presente. Para ello, se formulan estrategias y planes de acción en los que se proponen objetivos, proyectos, metas y diversos escenarios futuros.

Esa construcción del futuro está basada generalmente en el conocimiento de los datos del pasado y en lo que perciben nuestros sentidos en el presente. Por eso, la idea de futuro es una composición que nuestra cabeza tiene de las combinaciones de esos escenarios pensados e imaginados que vemos como factibles. Sin embargo, esas imágenes no siempre se materializan, porque son fruto de una visión que aún carece de bases sólidas y variables que faltan por conocer, donde predominan las intuiciones.

De hecho, a medida que la ciencia avanza en diversos campos del saber, poco a poco se van confirmando las hipótesis y, al mismo tiempo, se van derrumbando muchas ideas sobre el futuro que se tenían como válidas hasta hace no mucho tiempo. Gracias a la neurociencia, al conocimiento completo del mapa del genoma humano, al avance en la física cuántica, al desarrollo de la tecnología aeroespacial y de otros campos del saber científico, se puede ahora determinar con mayor precisión la explicación de muchos paradigmas que se tenían como ciertos.

Pero estos avances y descubrimientos, aunque dan nuevas luces de lo que sucede en el cerebro y en el resto del cuerpo humano, así como en las condiciones físicas del espacio y el tiempo, también generan una incertidumbre para responder a las grandes interrogantes del futuro que impactan a las personas, organizaciones y sociedades.

Lo cual lleva a pensar que lo ideal no es predecir el futuro a secas, sino en pensar y construir una autopista hacia el futuro a través de diversos escenarios posibles que nos gustaría encontrar más adelante.

Por lo tanto, las empresas, industrias y naciones más audaces son las que apuestan a esquemas más ambiciosos de innovación, en los que puedan construir una nueva realidad futura basada en mejoras exponenciales de tecnología digital, nuevas plataformas interactivas y acceso a espacios de consumo de productos y servicios para mercados masivos.

> Las empresas, industrias y naciones más audaces son las que apuestan a esquemas más ambiciosos de innovación

Es lo que se ha dado en llamar el *moonshot thinking,* que según su autor busca transformar la innovación disruptiva en una oportunidad. «La forma de pensar del *moonshot thinking* se basa fundamentalmente en considerar mejoras que tenga un impacto 10x en lugar de un 10%» (Bofarull, 2020).

Este planteamiento es como una catapulta que dispara los objetivos de negocio a una distancia considerable de la realidad actual, porque aprovecha el factor de singularidad en el desarrollo de ideas y propuestas innovadoras. En resumen, impulsan a gran velocidad a las compañías que tienen una idea extraordinaria de negocio y han descubierto un nicho enorme de clientes potenciales a nivel global.

El problema es que esto supone pensar fuera de la caja y atreverse a construir un nuevo modelo de negocio, fuera del marco común de la competencia actual y de los clientes conocidos. La clave para adoptar esta actitud es contar con un sentido de perspectiva y un enorme afán de sobrevivir en el tiempo a pesar de las amenazas actuales. Bien lo decía Lou Gerstner, CEO de IBM entre 1993 y 2002, que «no hay institución que vaya a asumir cambios relevantes a no ser que realmente crea que está en problemas y que tiene que hacer algo distinto para sobrevivir».

Sirva de ejemplo la famosa empresa *Michelin*, fundada en 1889 por los hermanos *André y Édouard Michelin*, cuya constante capacidad de innovar en la tecnología de neumáticos fue frenada por la Segunda Guerra Mundial. A lo largo del conflicto bélico, hubo escasez de materias primas, por lo que la empresa decidió dedicarse a investigar productos sustitutos y fabricar productos de primera necesidad.

A pesar de las graves limitaciones en estos años, la empresa se las arregló para investigar y desarrollar un neumático que revolucionaría la industria: la llanta radial. Al finalizar la guerra, *Michelin* sacó al mercado este producto innovador, que gracias a la exitosa combinación de materiales y excelente desempeño en diversas superficies, sigue siendo utilizado en una gran variedad de vehículos.

Ver lo que nadie acierta a ver

Muchas grandes ideas y propuestas innovadoras se quedan en proyecto, porque carecen de verdadera novedad o de fundamento serio en la práctica. Su formulación pudo haber sido interesante y atractiva en el papel y al oído de las personas, pero al someterla a las condiciones de la vida real y exponerla al criterio de los expertos, se desploman por falta de acierto o de efectividad en su puesta en acción.

Pienso que el gran triunfo de un producto o servicio innovador es haber identificado las oportunidades en donde otros no ven nada o en áreas distintas a las que predominan en el mercado. Aquellos que logran cubrir «espacios vacíos» entre la múltiple oferta de opciones, tienen una ventaja ganada para dar en el blanco con las preferencias de adquisición, uso o consumo.

Evidentemente, esto supone un ejercicio objetivo de reflexión y análisis, para identificar nuevos nichos de negocio y océanos azules donde se pueda navegar sin las amenazas de una competencia voraz y despiadada. Además, requiere tener una capacidad de percepción y sentido común por encima del promedio que alumbre unos reflectores en las zonas oscuras u grises del entendimiento.

Idear soluciones frescas e impensadas no es un arte de muchos, sino un verdadero talento de mentes perspicaces y observadoras. Los artífices de dar respuesta a problemas en apariencia sin sentido, salida o solución, están allí latentes y en potencia, esperando que coincida el momento y la oportunidad, pues como decía Séneca: «La suerte es lo que ocurre cuando la preparación coincide con la oportunidad».

> «La suerte es lo que ocurre cuando la preparación coincide con la oportunidad»

En otras palabras, la inspiración para sugerir ideas geniales o brillantes no resulta de forma improvisada o repentina, sino a partir de fijar la mirada en los hechos, datos, lugares, objetos y personas que nadie repara a ver y observar. «Al dejar de mirar hacia la competencia y dirigir la estrategia hacia las alternativas y los no clientes, es posible reconocer la manera de definir el problema en otros términos y, por consiguiente, reconstruir los elementos de valor para el comprador que residen más allá de las fronteras de la industria» (Mauborgne y Chan, 2012).

Pero también puede ocurrir que, ante una circunstancia que impide ver la realidad de las cosas, se intente ver *el lado oscuro de la luna* con la claridad de estar viéndolo de frente, a través de una mirada invertida del objeto o utilizando su reflejo como espejo. «Al rebasar las fronteras tanto del mercado del teatro como del circo, el *Cirque du Soleil* aprendió a ver con nuevos ojos no solo a los clientes del circo, sino a las otras personas que no eran sus clientes tradicionales: los clientes adultos del teatro» (*Ibídem*).

El hallazgo en casos de este estilo, más allá de las situaciones enfrentadas en cualquier industria, desde el entretenimiento y la comunicación, pasando por la salud, educación y seguridad hasta llegar a la industria militar, entre otros, es que los problemas más enigmáticos e incomprensibles siempre tienen una alternativa disponible o varias soluciones posibles. Lo que nos lleva a repensar las ideas y vías posibles de respuesta.

> Los problemas más enigmáticos e incomprensibles siempre tienen una alternativa disponible o varias soluciones posibles

Al respecto, conviene citar el caso de lo sucedido con los aviones militares de los Aliados durante la Segunda Guerra Mundial. En los primeros años de la guerra, muchos de sus aviones eran derribados con cierta facilidad en combate aéreo.

Por eso, cuando regresaban los aviones que sobrevivían a los ataques, los ingenieros mapeaban los agujeros de bala en el fuselaje de los aviones alcanzados por el fuego de los aviones alemanes. Su idea era fortalecer las naves, reforzando las áreas fuertemente impactadas por la artillería enemiga, para poder resistir con éxito esos embates en el aire.

Su idea central era reconstruir y reforzar las áreas del avión que en el fuselaje tenían más puntos rojos o impactos de bala recibidos, de tal modo que tuvieran más posibilidades de regresar con éxito a la base aérea o pista de despegue. En el papel, esta era una idea lógica y sensata de hacer, pues ciertamente eran las áreas más afectadas a simple vista.

Sin embargo, un matemático llamado Abraham Wald, pensó de forma diferente: los puntos rojos solo indicaban el daño recibido en los aviones que regresaban, pero no existía evidencia de las zonas del avión que impactaban a los aviones que derribaban y nunca regresaron. Por lo tanto, llegó a la conclusión de que las áreas que realmente se deberían reforzar, eran los lugares del fuselaje donde no había puntos rojos, porque esos eran los lugares donde el avión no sobrevivía al ser impactado por las balas.

Tremendo hallazgo a partir de una idea «fuera de la caja», que ayudó a los aviones de los Aliados a enfrentar el fuego enemigo con aviones reforzados en las zonas más vulnerables del fuselaje. Como se ve en este ejemplo, las mejores soluciones no necesariamente son las derivadas de la evidencia preliminar, sino de la lógica que está oculta a primera vista y que requiere una reflexión más audaz del problema a partir de una alternativa de solución impensada.

> Las mejores soluciones no necesariamente son las derivadas de la evidencia preliminar, sino de la lógica que está oculta a primera vista

Lo importante entonces es pensar fuera de la caja y vencer la resistencia al cambio de quienes solo se quedan en las soluciones aparentes y superficiales, o en las ideas de siempre.

4.
VENCER LA RESISTENCIA AL CAMBIO

*«Debes aprender las reglas como un profesional,
para después poder romperlas como un artista».*

Picasso

Fue el célebre economista y sociólogo Vilfredo Pareto el que clasificó a las personas en dos grandes tipos según su perfil de tomar o asumir riesgos: El *speculator* (el *especulador*) y el *rentier* (el *rentista*).

El *especulador* es la típica persona intrépida, innovadora, tenaz, que siempre está tomando riesgos y constantemente preocupada con la posibilidad de nuevas combinaciones. Mientras que el *rentista* es la persona rutinaria, que sigue siempre el mismo camino o ruta, sin diversificar sus ideas e iniciativas, conservadora y ajena a los riesgos, y a la que el especulador aprovecha para su beneficio (Cfr. Webb Young, 1982)

Pienso que las personas no son solo blanco o negro, sino que tienen en su vida tonalidades grises e incluso diversos rasgos de color. Sin embargo, en materia de innovación y transformación, es frecuente encontrarse con personas abiertas al cambio y otras que se resisten de plano a buscarlo. No lo ven como opción.

SUPERAR EL *STATU QUO*

En realidad, la gran barrera de muchos innovadores y de quienes alientan la transformación es aprender a superar el *statu quo*, que habitualmente nos impide salir de los márgenes establecidos por la tradición, la mentalidad reinante, la cultura de la sociedad, la rutina personal, la inercia de las organizaciones o, simplemente, por la comodidad de permanecer en la zona de confort.

Atreverse a tomar decisiones audaces y de avanzada siempre resulta un desafío para el que las asume y ejecuta. Porque en honor a la verdad, todo proceso de cambio genera más inquietudes que certezas, más incertidumbre que tranquilidad. Y posiblemente, la pregunta no sea ¿por qué hay que cambiar?, sino ¿por qué no?

> Atreverse a tomar decisiones audaces y de avanzada siempre resulta un desafío para el que las asume y ejecuta

Quizás se te venga a la mente una persona conocida, un familiar o un jefe, que jamás da su brazo a torcer en una discusión o se cierra tajantemente ante la evidencia clara de la argumentación de los demás. Su postura rígida e infranqueable hace imposible cualquier espacio de negociación o de aceptar un cambio de rumbo ante una determinada decisión.

Es como el navegante que nunca se ha atrevido a explorar más allá de los márgenes conocidos del océano y teme encontrarse con peligros indescriptibles y bestias colosales en alta mar. Primero debe vencer sus propios miedos y, luego, proponer el nuevo itinerario a la tripulación, aunque esto suponga ir a un espacio desconocido o alejado de su realidad habitual. Esto no es de la noche a la mañana, pero esta valiente conversión es deseable para encontrar nuevas rutas y descubrir tierras desconocidas.

En cualquier comunidad humana se da este claroscuro, sea esta una familia, empresa o corporación. Unos ven el panorama claro y otros lo ven oscuro. Así, unos apuestan por ser pioneros en innovar y otros en seguir haciendo lo que siempre han sabido hacer.

La mejor ruta es encontrar un camino intermedio entre la audacia del que busca la transformación a cualquier precio y la sensatez del que procura perfeccionar sus competencias y cualidades actuales. «Para unos, el gran salto es el de la transformación, la reinvención, mientras que para otros, su gran salto es el crecimiento, el saber escalar a una magnitud superior su modelo de negocio, que también es, en definitiva, una forma de transformarse» (Bofarull, 2020).

Por eso, la capacidad de superar el *statu quo* es de gente atrevida que está dispuesta a desafiar la pasividad hegemónica de los que prefieren el estado de las cosas existentes antes de cualquier alternativa. Es como prender el fuego de una revolución interna en una sociedad. Pero este chispazo inicial es solo el principio de un potencial cambio cultural, que implica salirse de la inercia interna de la organización y generar un nuevo posicionamiento externo en el mercado.

Porque la inercia establecida es una forma de rutina que las personas siguen y que las organizaciones integran en su funcionamiento a lo largo de los años. Este esquema rutinario está compuesto por un entramado de intereses, métodos de trabajo y procesos administrativos que luchan por su supervivencia. Romper este estatismo es responsabilidad de quienes hacen cabeza en las organizaciones, porque esto supone un cambio de estructura administrativa y estilos de gestión directiva, así como una renovación de las funciones y competencias acorde a los nuevos tiempos.

> La inercia establecida es una forma de rutina
> que las personas siguen y que las organizaciones
> integran en su funcionamiento a lo largo de los años

Esto implica pasar de una cultura de «compadrazgo o amiguismo» en la contratación de personal a una cultura de meritocracia en la gestión del talento humano. Y, una vez visualizada la transformación, el líder está urgido de agilizar la organización, simplificar la toma de decisiones, potenciar el talento y estar abierto a las posibilidades de la innovación.

Al respecto, conviene seguir el consejo de Arturo Bris, profesor en el IMD de Lausana en Suiza, una de las escuelas de negocios más conocidas del mundo, sostiene que «una empresa incumbente solo tiene una forma de sobrevivir, que es transformarse en una *startup* (reinventarse); mientras que una *startup* solo tiene una forma de sobrevivir, que es la de convertirse en una empresa incumbente (escalar)» (*Ibídem*).

En otras palabras, el proceso de transformación requiere de una vuelta de tuerca en la manera de comprender el propio negocio y vestirse de un nuevo ropaje que asegure la supervivencia en el tiempo. Ninguna transformación es fruto de la improvisación o la precipitación, sino de la capacidad de entender el momento y tener una idea clara del entorno. Lo peor es quedarse de brazos cruzados y ser presa del miedo a cambiar, porque así no hay éxito posible.

Además, superar el *statu quo* supone cruzar el umbral de lo que todos dan por sentado y vencer las resistencias de los guardianes de la inmovilidad de las cosas y las formas. Es una tarea que requiere valentía y sagacidad para mover las ruedas del cambio. Superar la reacción de las fuerzas de resistencia es un riesgo que implica sumar apoyos con otros actores convencidos de la necesidad de crear un nuevo marco de acción.

Quizá conozcas esa historia que relata el periodista Malcolm Gladwell en su libro *David y Goliat* (Gladwell, 2013), acerca del caso de posicionamiento público de los pintores impresionistas en la Francia decimonónica. Cuenta este que, allá por 1860, «cuando París estaba en el centro del mundo del arte, un grupo de pintores se reunía todas las tardes en el Café Guerbois, en el barrio de Batignolles. El cabecilla del grupo era Édouard Manet».

> Superar el *statu quo* supone cruzar el umbral de lo que todos dan por sentado y vencer las resistencias de los guardianes de la inmovilidad de las cosas y las formas

Además de Manet, el grupo lo conformaban: Edgar Degas, Paul Cézanne, Claude Monet, Frédéric Bazille y Pierre-Auguste Renoir. Talentosos pintores que eran precursores del arte moderno con el movimiento conocido como impresionismo. Se pintaron entre sí, pintaron uno al lado del otro y se apoyaron, tanto emocional como financieramente, para salir adelante y convertirse en referentes de este movimiento pictórico. Hoy son conocidos con nombre propio y sus pinturas figuran en los principales museos de arte en el mundo. Pero no siempre fue así, porque en 1860 luchaban por sobrevivir económicamente y sobresalir con su arte.

El arte desempeñaba una gran relevancia en la vida cultural y social de Francia en el siglo XIX. Por lo cual, la pintura era regulada formalmente por un departamento público del Estado francés llamado *Ministerio de la Casa*

Imperial y Bellas Artes. Eso suponía que los pintores prometedores debían recibir una educación rigurosa y formal, y después de un tiempo se sometían a competencias y certámenes. «Los que lo hicieran bien ganarían premios y prestigiosas becas, y en el pináculo de la profesión estaba el *Salón*, la exposición de arte más importante de toda Europa» (*Ibídem*).

Por eso, cada año, cada uno de los pintores del país presentaba dos o tres de sus mejores lienzos a un jurado de expertos. Las pinturas más destacadas recibían medallas y reconocimiento público. Los ganadores eran agasajados por su triunfo y veían cómo aumentaba el valor de sus pinturas. Los perdedores regresaban a casa decepcionados por el rechazo y dispuestos a trabajar de nuevo para el siguiente año.

Tener un cuadro expuesto en el *Salón* era el gran anhelo de un pintor del siglo XIX en Francia. El Salón lo era todo para ellos. Y ya no se diga para los pintores impresionistas, que año tras año veían cómo el jurado truncaba sus deseos y rechazaba sus lienzos. Porque la actitud del jurado era tradicional y conservadora en cuanto a preservar sus estándares. Según la historiadora de arte, Sue Roe, «se esperaba que las obras fueran microscópicamente precisas, correctamente «terminadas» y enmarcadas formalmente, con la perspectiva adecuada y todas las convenciones artísticas familiares» (*Ibídem*).

Pero, según relata el autor, los impresionistas tenían una idea completamente diferente sobre lo que constituía el arte: «Pintaban la vida cotidiana. Sus figuras eran indistintas. Sin embargo, para el jurado del *Salón* y la multitud que llenaba el *Palais*, su trabajo parecía amateur, incluso chocante. En 1865, de forma sorprendente, el *Salón* aceptó una pintura de Manet de una prostituta, llamada *Olympia*, que se volvió todo un escándalo en Paris».

De igual forma, en 1868, Renoir, Bazille y Monet lograron conseguir que sus pinturas fueran aceptadas. Pero este logro tuvo su precio, «porque la aceptación por parte del *Salón* tuvo un costo: requería crear el tipo de arte que ellos no encontraban significativo y se arriesgaban a perderse en el desorden del trabajo de otros artistas» (*Ibídem*). Eso no les agradaba y sentían que no valía la pena renunciar a sus valores estéticos innovadores.

Por eso, se reunían cada noche y discutían si debían seguir aspirando a participar en el prestigioso escenario o si era mejor actuar por su cuenta y organizar una exposición solo con sus obras. «Se preguntaban si querían ser solo un pequeño pez en el gran estanque del *Salón* o un gran pez en el pequeño estanque de su propia elección». Al final, los impresionistas tomaron la decisión de ser ellos los responsables de su destino, lo cual les hizo merecedores de una atención particular y, gracias a su determinación y audacia, lograron con el paso de los años que sus pinturas formaran parte de los principales museos de arte del mundo.

Tomar la decisión de elegir la ruta más arriesgada es un desafío a nuestras percepciones de seguridad, que en ocasiones resulta el camino menos adecuado o más cuesta arriba. Sin embargo, es peor no intentarlo y quedarse con la sensación de haber errado el rumbo por falta de valor y fortaleza. Porqué así como les ocurrió a los pintores impresionistas, apostaron por la ruta menos conocida y más arriesgada, pero gracias a su consistencia en la decisión tomada se hicieron un nombre en el arte moderno.

> «Se preguntaban si querían ser solo un pequeño pez en el gran estanque del *Salón* o un gran pez en el pequeño estanque de su propia elección»

¿Cuál es el aprendizaje de esa firme determinación de los pintores? La visión de que es posible vencer las negativas y restricciones impuestas a su estilo de pintura, crear otro espacio para promover su arte y salirse de las limitaciones impuestas por los convencionalismos establecidos. Lo cual no es una batalla fácil de ganar, pero necesaria de enfrentar para cambiar las reglas del juego y tener una mejor posición en el tablero.

APRENDER A VENCER LAS RESISTENCIAS Y LIMITACIONES

Me parece entender que en el camino de la innovación hay una serie de obstáculos y resistencias que retrasan los avances en la ruta hacia el éxito o la meta. Muchas son de tipo material y logístico, otras son de tipo cultural y operativo, pero las más persistentes son de tipo cognitivo y emocional, porque aluden a la manera de funcionar de las personas en su mente y corazón.

Estas últimas no necesariamente son todas de carácter objetivo, sino que la resistencia que ejercen es fruto de percepciones, apreciaciones e intuiciones, que no siempre están basadas en hechos, sino en una interpretación de la información que sus sentidos perciben. Y como no hay una certeza en la información que se dispone, se toman decisiones que no siempre tienen una correspondencia con la realidad o con la naturaleza de las cosas, sino con la amenaza, la dificultad o el riesgo que supone seguir adelante.

Por eso, a continuación propongo tres actitudes que se complementan entre sí, para salirle al paso a la resistencia que se puede enfrentar de terceros, a las limitaciones personales y/o las carencias materiales que se presentan en el proceso de innovar o cambiar algo:

1. **No conformarse**. Toda acción en la que se acepta voluntariamente algo que se considera insuficiente o insatisfactorio es una contradicción para el ser humano, pues la reacción natural esperada es que se procure lograr la realización plena de los deseos, proyectos y necesidades. Por eso, no conformarse es una actitud sensata de búsqueda hasta conseguir aquello que llena y satisface las mejores aspiraciones de una persona o equipo.

2. **No rendirse**. Ante una contradicción o adversidad, siempre hay margen para solucionar o corregir las cosas que no han salido bien o que han derivado en una situación perjudicial para uno mismo o para terceros. La rendición es como claudicar en la lucha, después de haber llevado a cabo sin éxito uno o varios intentos para solucionar un problema. Por lo cual, seguir intentándolo es una forma de no rendirse, hasta dar con la respuesta más adecuada a la situación enfrentada.

3. **No detenerse**. Como bien se dice: «para mantener el equilibrio, nunca hay que dejar de moverse». Esto se aplica para caminar, andar en bicicleta, recorrer una superficie inestable o para la supervivencia personal. Si un innovador se frena o paraliza por la resistencia, debe encontrar la forma de seguir en acción, ya sea buscando opciones en otros campos –tal y como hizo *Michelin*– o identificando rutas novedosas para llegar a la meta original.

Lo peor es quedarse estancado o parado por decisión propia, pues ese lapso sin movimiento genera un lamentable retraso que afecta su rendimiento general y le resta eficacia en el camino hacia el punto de llegada. A la hora de volver a la marcha, no tendrá el impulso y aceleración que ya había logrado, lo cual le obligará a invertir un mayor esfuerzo y energías para adelantar y recuperar posiciones.

Es verdad que en ocasiones hay circunstancias humanas, naturales y fortuitas que obligan a parar la marcha y cambiar de ruta, ya sea para pensar mejor las ideas y reemprender luego la marcha con un refuerzo esencial en apoyo externo, tecnología y un mejor talento humano. Sin embargo, la actitud habitual debería estar centrada en invertir tiempo suficiente en tener clara la visión, disponer de un plan de acción y del equipo necesario para llegar a la meta trazada, a pesar de las resistencias y limitaciones enfrentadas.

Esto me recuerda el caso de *Bohemian Rhapsody* –que pertenece al álbum *A Night at the Opera* (*Queen*, 1975)–, ese gran éxito musical de la banda británica *Queen*, cuya estructura musical y larga duración enfrentó una resistencia de los ejecutivos de la disquera, ya que consideraban que una canción de casi seis minutos de duración no llegaría nunca a ser un gran éxito. *Freddie Mercury* y el resto de los integrantes de la banda se hicieron cargo de demostrar lo contrario, porque en poco tiempo la canción ocupó los primeros lugares de la lista de éxitos británica, así como en otros países del mundo, incluyendo a Estados Unidos, que también fue un éxito, aunque a menor escala que en el Reino Unido.

¿Y cuál es el éxito de este sencillo? Su estructura musical de seis secciones: introducción, balada, solo de guitarra, ópera, rock y final; la llamativa mezcla de voces a capela; las referencias operísticas en varias frases y secuencias; y una letra poco convencional, que alude a un protagonista atrapado en un doloroso conflicto interior. En definitiva, una composición rica en estilo, tono, ritmos y temas.

Por esa combinación de recursos y detalles de innovación disruptiva, *Bohemian Rhapsody* se ha convertido en una canción emblemática del rock y un fenómeno musical que ha perdurado en el tiempo desde su lanzamiento en 1975. A tal punto de haber convertido a *Queen* en una banda global y legendaria, y a su vocalista y compositor, *Freddie Mercury*, en un mito musical. La gran inspiración e intuición de sus integrantes logró superar las resistencias de varios ejecutivos de la disquera y críticos musicales, que basados en sus paradigmas no apostaban inicialmente por este excepcional sencillo.

Por esa combinación de recursos y detalles de innovación disruptiva, *Bohemian Rhapsody* se ha convertido en una canción emblemática del rock

---

SUPERAR EL MIEDO A FALLAR

A lo largo de todo proceso innovador es posible encontrarse de frente con un enemigo insidioso e incómodo que genera incertidumbre e inquietud en cada paso que se da: el miedo a fallar. Pero eso es parte de la magia de innovar, porque en cada etapa del proceso se van develando las riquezas del aprendizaje y desarrollando las competencias necesarias para acertar en la siguiente decisión.

Como bien decía Pasteur: «Desgraciados los hombres que tienen todas las ideas claras», porque no tienen misterios por resolver ni magia que apreciar.

En realidad, el miedo es un detonante de nuestra creatividad y un activador del espíritu de supervivencia en los seres humanos. Lo importante es identificar cuáles son los aspectos que hacen posible superarlo y sacarle el máximo provecho. Pienso que lo primero es preguntarse qué nos provoca ese miedo y lo segundo qué medios o recursos tenemos para gestionarlo.

Lo interesante es que descubriremos que a menudo el miedo es fruto de nuestra imaginación. Es la mente que nos juega la vuelta y nos hace considerar una variedad de escenarios peligrosos, llenos de trampas y enemigos ocultos. Conviene enfrentar el miedo con valentía y determinación, porque de lo contrario nos veremos abatidos por amenazas inexistentes o paradigmas insuperables. «No tengas miedo a cuestionar aquello que te limite, porque quizá así mejores tu capacidad de percibir la realidad y puedas enfocarte en Tu Mejor Versión» (Rojas Estapé, 2018).

> Es la mente que nos juega la vuelta y nos hace considerar una variedad de escenarios peligrosos, llenos de trampas y enemigos ocultos

En este caso, lo mejor y más razonable es entender la situación y comprender bien sus alcances, para determinar qué variables podemos controlar por nuestros propios medios y cuáles no. Un caso notable de esto que hablo lo protagonizaron los hermanos Wright, cuando se embarcaron en la aventura de volar. Antes de ellos, el vuelo era un sueño imposible que no ofrecía garantías de éxito ni de sobrevivir en el intento. «El vuelo solo se hizo finalmente posible cuando los hombres llegaron a comprender con precisión las leyes naturales y los principios que definían cómo funcionaba el mundo: la ley de gravedad, el principio de Bernoulli y los conceptos de ascensión, aerodinámica y resistencia» (Christensen, 2022).

Por lo tanto, vencer la resistencia al cambio y superar el miedo a fallar en cada proceso innovador es una batalla que hay que dar con sentido de propósito, una dosis importante de conocimientos y experiencia y, especialmente, una firme determinación para superar el *statu quo*.

A partir de aquí, se desencadena una libertad creativa para avanzar y desarrollar nuevas opciones de productos simples, accesibles y convenientes, que consiguen llegar con más facilidad a la preferencia de los clientes y consumidores.

5.
ELEGIR LO SIMPLE, ASEQUIBLE Y FUNCIONAL

«Los productos basados en tecnologías de punta son más baratos, más simples, más pequeños y, en general, más convenientes».

Clayton Christensen

Esa idea que apunta Christensen es realmente un gran acierto, porque los productos que más éxito tienen son aquellos que satisfacen necesidades de forma simple, asequible y funcional. Y con estos atributos consiguen cubrir los espacios vacíos que han dejado sin atender los líderes del mercado.

La tecnología no tiene que ser sofisticada o compleja para generar impacto y aportar valor al usuario o consumidor. Por el contrario, la tecnología es más apreciada cuanto más simple y sencilla es adoptarla e incorporarla en la vida diaria. Un *smartphone* es un objeto complejo en su interior por el sistema operativo, software, componentes y sensores que lo integran. Pero a la hora de activarlo y usarlo, resulta muy intuitivo su funcionamiento y portabilidad. Lo cual permite usar, actualizar, compartir y compatibilizar la información con varios dispositivos que comparten el mismo sistema operativo.

> La tecnología no tiene que ser sofisticada o
> compleja para generar impacto y aportar valor
> al usuario o consumidor

Y si a esto le sumamos la cualidad de ser asequible para un considerable número de clientes, por su precio de venta, variedad de opciones disponibles y la segmentación de su oferta en varios puntos comerciales, lo convierte en un producto de gran consumo. Además, este tipo de dispositivos móviles se han vuelto muy completos para realizar acciones en un solo aparato lo que antes se hacía con varios de ellos. Y cada día se van incrementando sus funciones y ventajas.

Por lo tanto, lo relevante es disponer de bienes útiles y funcionales, que puedan mejorar su rendimiento ya sea con una actualización del software o de sus aplicaciones de uso frecuente, o mejor aún, con mejoras significativas en su contenido y calidad de materiales. Y esta funcionalidad de los productos permite que más personas los prefieran y utilicen.

La tecnología es una plataforma útil para mejorar la capacidad operativa y el rendimiento de un producto de este tipo, pero no se agota en sí misma, porque es un medio y no un fin. Por eso, el desarrollo de productos no necesariamente tiene que estar centrado solo en las cualidades técnicas o de conectividad, sino en el uso para el que se ha diseñado. Y ese propósito o finalidad es facilitar la vida del usuario y hacerle ganar tiempo para otros fines personales.

Además, la ciencia que hay detrás de muchas innovaciones no está pensada exclusivamente para aparatos, dispositivos o cualquier equipo tecnológico, sino que tiene aplicación práctica en un sinfín de bienes de consumo que resuelven un problema o mejoran un producto existente con un valor agregado.

Una innovación fortuita

Hace unos años se divulgó la historia en Internet de cómo 3M convirtió un aparente error en un producto exitoso (3M.com, 2013). Hablo del *Post-it*, ese cuadradito de papel de llamativos colores que permite dejar mensajes y recordatorios a sus usuarios. Curiosamente, este producto no fue desarrollado en un principio para el uso que ahora le damos, sino que derivó del invento fallido de un adhesivo de alta calidad pero de baja «pegajosidad».

Este líquido pegajoso, inventando por Spencer Silver en 1968, era capaz de unir dos papeles que se podían despegar fácilmente. Además, el adhesivo era reutilizable. El problema es que pasaba el tiempo y Silver no sabía qué hacer con su invento, que no era propiamente catalogado como pegamento debido a su débil adhesividad.

En 1982 conoció a un colega de 3M llamado Arthur Fry, que buscaba la forma de resolver un pequeño problema que enfrentaba periódicamente en su iglesia. Formaba parte del coro y necesitaba que los marcadores de su libro de himnos no se cayeran durante los ensayos y el servicio religioso. Este recordó el adhesivo de Silver, que era capaz de unir dos papeles débilmente, pero sin que se despegaran. Al probar su eficacia y ver que era perfecto, había nacido el *Post-it*.

El adhesivo de Silver y su aplicación práctica en papel hizo que Fry presentara el invento a sus jefes de 3M, que finalmente lo apoyaron para desarrollar el producto a nivel comercial. En palabras de Fry: «se me ocurrió que lo que teníamos entre manos no era un mero marcapáginas, sino una forma de comunicarse completamente nueva». Según Silver, al igual que muchas otras innovaciones revolucionarias, el suyo fue un producto que nadie creyó necesitar hasta que lo hizo (Cfr. *Ibídem*).

> Al igual que muchas otras innovaciones revolucionarias, el suyo fue un producto que nadie creyó necesitar hasta que lo hizo

Distribuyó las nuevas notas adhesivas por toda la empresa y a sus compañeros les encantaron. Cinco años después, en 1987, después de varias pruebas de diseño e instalar las máquinas para fabricar el producto, salió al mercado con el nombre de *Press 'n Peel*, que no tuvo el éxito esperado en el mercado.

Sin embargo, 3M veía un gran potencial en el invento, así que después de un tiempo y hacerle algunas variantes, fue lanzado nuevamente el producto con el nombre de *Post-it*. Y, a partir de aquí, se convirtió en un producto popular entre los consumidores. Más de treinta años después de su lanzamiento, se le puede ver en escritorios de oficinas, colegios, universidades, bibliotecas, comercios y casas. Según 3M, los *Post-it* se comercializan en más de 100 países (Cfr. *Ibídem*).

LA MAGIA DE COMBINAR LOS ELEMENTOS

Ya se ve que una innovación puede surgir de una combinación fortuita de los elementos que la componen y de la visión de sacar ventaja de su uso conjunto. Lo cual es pensar más allá de las funcionalidades originales de un producto y ver sus potencialidades cuando se aprovechan de forma sinérgica.

Y la sinergia, según la RAE, es la «acción de dos o más causas cuyo efecto es superior a la suma de los efectos individuales» (DRAE, voz "sinergia"). En este sentido, la magia de innovar es conjugar los diversos pasos que la hacen posible y aprovechar los recursos disponibles de forma inteligente y audaz. Lo que significa que todos los aspectos que se utilizan estratégicamente en el proceso, si se integran en beneficio del producto, contribuyen decisivamente al resultado final.

> La magia de innovar es conjugar los diversos
> pasos que la hacen posible y aprovechar los
> recursos disponibles de forma inteligente y audaz

A medida que se ensamblan los diversos componentes en un orden secuencial o según el mejor modo posible que se ha probado en el desarrollo de sus prácticas y experiencias previas, se comprueba el fruto de los hallazgos logrados a lo largo de todo el proceso. Es una satisfacción descubrir las posibilidades y ventajas que tiene la innovación a partir de sumar y encontrar la fórmula ganadora.

Hay muchos casos de éxito que demuestran esta sinergia de recursos, talentos, tiempo y energía que se combinan para lograr algo diferente a lo que existe en el mercado.

Uno de ellos es el de los relojes suizos *Swatch*. Sus creadores sabían que el factor más complejo para producir sus relojes era el elevado costo de mano de obra en Suiza, que rondaba el treinta por ciento del costo total del reloj. Así que tomaron la decisión de modificar de cabo a rabo el producto, sus materiales, el mecanismo de relojería, su diseño y la forma de producirlo, para lograr menores costos totales.

En concreto, dejaron de utilizar metales y cuero, y en su lugar los relojes *Swatch* están hechos de plástico. En cuanto a su mecanismo, los ingenieros de la marca redujeron el número de piezas de ciento cincuenta a cincuenta y uno, y desarrollaron unas nuevas técnicas de ensamblaje que resultaron más económicas. Estas incluían, por ejemplo, cerrar la caja de los relojes con soldadura ultrasónica en lugar de utilizar tornillos (Cfr. Mauborgne y Chan, 2012).

Toda esta combinación de acciones redujo los costos de mano de obra del treinta por ciento a menos del diez por ciento de los costos totales del producto. Y con ello lograron un producto atractivo, original y competitivo, que se posicionó rápidamente en la preferencia del mercado por su simplicidad, precio asequible y diseños divertidos. «Estas innovaciones dieron paso a una estructura de costos difícil de superar y le permitieron a *Swatch* dominar rentablemente el mercado masivo de los relojes, el cual había estado en manos de los fabricantes asiáticos con su mano de obra barata» (*Ibídem*).

Por eso, la innovación no solo supone cambios en su apariencia o funcionamiento, sino en su modo de fabricarse y diferenciarse de otros productos similares. De hecho, en ocasiones implica ir más allá, hasta lograr una transformación completa en el modelo de negocio, que tal y como hemos visto puede ser la clave para lograr una ventaja competitiva en la búsqueda de nuevos océanos.

> La innovación no solo supone cambios
> en su apariencia o funcionamiento, sino
> en su modo de fabricarse y diferenciarse
> de otros productos similares

Un nuevo modelo de negocio

En el camino hacia la innovación disruptiva, una de las rutas que mejores resultados ofrece a los emprendedores es identificar modos diferentes de comercializar el producto, a partir de un nuevo modelo de negocio que transforme la relación de doble vía entre el productor o fabricante y el cliente. Esto es, disponer de una plataforma o sistema de ventas que simplifique la intermediación, reduzca la complejidad de los medios de distribución y, desde luego, aproveche la conveniencia que facilita la tecnología para la comunicación e interacción, la entrega de contenidos y el proceso de facturación, cobro y servicio al cliente.

Porque hoy, al igual que ayer, la competencia radica con fuerza alrededor del concepto, precio, diseño del producto y la forma en la que este le llega a las manos al consumidor o usuario. Pero no nos demos a engaño, el marco competitivo no es sobre la tecnología, sino sobre la forma en la que se aprovecha ésta en beneficio del producto disponible y de las ventajas del servicio que se obtienen con ella. Pues como bien dice Bofarull: «la verdadera tecnología exponencial de las organizaciones no es la tecnología en sí misma, cuya accesibilidad es cada vez más abierta, sino el modelo mental con el que toman decisiones acerca de la tecnología» (Bofarull, 2020).

Ya lo apuntábamos en la introducción de este libro, cuando aludíamos al caso de *Netflix* con su ventajoso modelo de suscripción de clientes, cuya fórmula ganadora incluye: una asequible cuota mensual, sin contratos ni cargos por cancelación; una plataforma tecnológica funcional y accesible a través de dispositivos electrónicos con conexión a Internet; y una amplia selección de contenidos para todos los gustos, entre otras funciones. Todo esto la convierte en una opción fácil y atractiva para el mercado masivo del entretenimiento vía *streaming*.

> El marco competitivo no es sobre la tecnología, sino sobre la forma en la que se aprovecha ésta en beneficio del producto disponible y de las ventajas del servicio que se obtienen con ella

Lo interesante del modelo de *Netflix* es que el sistema de suscripción clasifica al cliente según sus datos personales y preferencias de consumo, para ofrecerle «su propia experiencia personalizada». Lo que significa que, ya desde el momento de darse de alta, la plataforma reúne información del nuevo suscriptor y ofrece la disponibilidad de establecer un perfil para cada uno de los cinco miembros del hogar que pueden formar parte de una misma cuenta.

El perfil incluye sus propias opciones, como por ejemplo: las preferencias de idioma, calificación por edad, restricciones específicas de visualización, registro de actividad, configuración de reproducción, sugerencias personalizadas de películas y series, así como la lista particular de cada usuario, entre otras. Y, con esta información, el algoritmo de la plataforma hace un proceso de clasificación de cada miembro, para ofrecerle una selección de series y películas adaptada a los gustos y preferencias identificadas en el perfil y el historial de consumo.

    ¿Qué beneficios ofrece una plataforma tecnológica de esta naturaleza, que integra la información de cada cliente con las bondades de la Inteligencia Artificial (IA) y el *Big data*? La respuesta es simple: muchos. Porque, en el caso de *Netflix,* la IA es empleada de forma óptima para crear su estrategia de contenidos. Y, gracias al *Big data*, la plataforma realiza una segmentación masiva y pormenorizada de sus más de 150 millones de suscriptores, para ofrecer a cada cliente una experiencia personal única. Todo esto sumado a la inmensa cantidad de datos que procesa en cada *click* o selección registrada, que utiliza para conocer y mejorar la experiencia de sus usuarios. Y aún con todo esto, los mayores beneficios son la simplicidad, asequibilidad y funcionalidad del concepto.

LA RIQUEZA DE LO SIMPLE, ASEQUIBLE Y FUNCIONAL

    Posiblemente hayas visto las películas de *Toy Story* (*Pixar*, 1995-2019), la original historia de un grupo de juguetes que pertenecen a un niño llamado Andy, los cuales protagonizan una serie de arriesgadas aventuras a lo largo de las cuatro entregas de la saga. Liderados por el *Sheriff*

Woody y el guardián espacial *Buzz Lightyear*, los juguetes enfrentan y superan juntos una variedad de peligros que emocionan por igual a niños y adultos.

Sin embargo, en la cuarta entrega, los juguetes ya no le pertenecen a Andy, sino a una niña llamada Bonnie, que ha comenzado a asistir a un jardín de infantes. Es aquí en donde empieza la aventura con unos desechos de basura, cuyo objeto más llamativo es un «cuchador», una cuchara de plástico con dientes de tenedor y ojos saltones, al que la niña llama *Forky*. Este reconstruido objeto cobra vida en la mochila de Bonnie y sufre una crisis existencial, porque en lugar de juguete se considera un pedazo de basura y prefiere permanecer en un basurero. A pesar de todo, se convierte en el juguete favorito de la niña y se lo lleva a casa.

Es Woody el que se encargará de evitar que el juguete se haga daño a sí mismo y se devuelva a la basura. Para ello, les explica a los demás juguetes que *Forky* es el juguete más importante en este momento para Bonnie, porque ayudará a que la niña se adapte más rápido al jardín de infantes. Bonnie no quiere al juguete por ser un objeto hermoso, porque no lo es, sino porque lo ha hecho ella. Ha salido de sus propias manos y eso lo hace ser especial. La niña no lo considera basura, sino su juguete preferido.

Pero *Forky* tiene una fijación con ser basura. Sin embargo, todo cambia para el juguete cuando Woody le hace entender que esa obsesión que él tiene con la basura, la tiene Bonnie con él y con los atributos que lo hacen ser

quien es. No importa que esté hecho de materiales senci-
llos y desechables, porque es un juguete único y particular
que resulta de gran importancia para quien sabe ver la riqueza de lo simple, asequible y funcional.

El desafío es sacar siempre la mejor versión de las
personas, iniciativas y proyectos que forman parte de
nuestra vida, aunque eso suponga un volver una y otra
vez a los conceptos básicos del desarrollo de una idea. A
menudo, esto implica intentar, fallar y volver a empezar
hasta dar en el blanco de un producto, propuesta o proyecto innovador.

> El desafío es sacar siempre la mejor versión
> de las personas, iniciativas y proyectos
> que forman parte de nuestra vida

6.
INTENTAR, FALLAR Y VOLVER A EMPEZAR

«Estamos perdidos,
¡pero avanzamos según la agenda prevista!».
Yogi Berra

En el deporte, el arte, la ciencia, la práctica profesional, el mundo de los negocios, las relaciones interpersonales, el aprendizaje de cualquier destreza o en el desarrollo de una actividad física es habitual que ocurra este proceso de intentar, fallar y volver a empezar.

En principio, nadie inicia algo con la mentalidad de equivocarse, perder o frustrarse por el fracaso. Todos, en la medida de lo posible, buscamos la forma de ganar y hacerlo bien a la primera. Pero seamos honestos: no es fácil lograr algo sin preparación previa o partiendo desde cero.

En toda iniciativa, acción o proyecto, se requiere un marco de aprendizaje, ensayo y práctica, porque nadie nace enseñado. Es verdad que hay personas talentosas que parecen capaces de conseguir lo que se propongan y convierten en oro todo lo que tocan. Sin embargo, hasta estas personas requieren de un espacio para adquirir la técnica y ponerla en acción. Es posible que inviertan menos tiempo que el resto de los mortales para dominar una habilidad o gestionar un talento, pero su éxito radica en sacar máximo provecho cada vez que lo intentan.

Entienden que para triunfar es esencial dar el primer paso e intentar algo, porque no sabrían cómo hacerlo si antes no hay una decisión de ir hacia adelante y enfrentar lo que venga. De lo contrario, solo se quedarían con las ganas o el deseo de hacerlo, pero sin tomar ninguna iniciativa para que su intento cobre vida. Bien decía Confucio que «un hombre es grande no porque no haya fracasado; un hombre es grande porque el fracaso no lo ha detenido».

En los procesos creativos sucede algo similar. Antes de esbozar una ilustración, diseñar algo o desarrollar un producto, se parte de una premisa básica o de un hallazgo que ilumina el camino de la innovación. Este proceso tan recurrente en la historia de la humanidad, ha acompañado al ser humano para poner a prueba sus ideas e hipótesis más elementales, hasta llegar a conceptos y propuestas más complejas. Sin embargo, el éxito nunca está garantizado, pues en el camino se pueden encontrar obstáculos y dificultades que es preciso superar. Toda nueva ruta implica correr riesgos y aprender de las decisiones que se toman en el proceso.

Toda nueva ruta implica correr riesgos y aprender de las decisiones que se toman en el proceso

APRENDER DEL PROCESO DE INNOVACIÓN

Por lo habitual, este proceso innovador que parte de una lluvia de ideas, un chispazo de genialidad o una inspiración del sentido común, apunta hacia un eje articulador que nos permite identificar la ruta ganadora, prosigue con un esquema o desarrollo del concepto, va evolucionando paso a paso hasta convertirse en una realidad que genera resultados tangibles o notorios.

Es verdad que la innovación más avanzada no surge de forma improvisada o fruto de una ocurrencia acertada, sino de un esquema que parte de la observación de una determinada realidad humana, de la comprensión e interpretación derivada de diversos estudios previos o del atento análisis de los datos de una investigación que aporta numerosos hallazgos o registros concretos, que muchas veces se convierten en la fuente primaria de información.

Igual ocurre en el mundo empresarial, que cuenta ahora con un arsenal de recursos para obtener información de sus mercados, con la que cada empresa puede tomar mejores decisiones de negocios. Que no necesariamente les sirve para encontrar certezas, pero si para identificar mejores vías de acción. «Las empresas nunca han sabido más acerca de sus clientes. La revolución de la informática ha incrementado en gran medida la diversidad, la cantidad y la velocidad de la recolección de datos, así como la complejidad de las herramientas analíticas aplicadas» (Christensen y otros, 2020).

Volviendo al proceso innovador, decíamos que este puede surgir de una nueva idea o premisa esencial, la cual suele ser fruto de varias ideas que se combinan entre sí o de haber identificado espacios de oportunidad en un determinado mercado. Luego de eso, se evalúa y valora su viabilidad y se consideran los pasos necesarios para hacerla realidad.

A partir de aquí se pone a prueba su eficacia y funcionalidad, ya sea para identificar sus posibilidades de éxito o hacerle mejoras para probarla de nuevo. Una vez el prototipo del producto o la prueba piloto del servicio ha funcionado, es el momento de ofrecerlo al mercado y conocer su rendimiento comercial.

Llegado este punto, es importante dar seguimiento a su impacto en el mercado, para sacar provecho de los resultados de aceptación, conocer la preferencia del público y evaluar la ejecución de la estrategia comercial. Todo esto sirve para aprender y alinear las variables utilizadas.

Por lo tanto, lo primero es tener una idea innovadora, luego se evalúan sus posibilidades, se experimenta su viabilidad en condiciones favorables y libre de riesgos, y al ver su aceptación es el momento de ofrecer el producto al mercado y ejecutar la estrategia de posicionamiento.

Esto es lo que dice la lógica para crear un nuevo producto o servicio, y es el camino que muchos emprendedores siguen hacia la tierra prometida de la innovación.

Comenzar y recomenzar

Sin embargo, como sugeríamos en el segundo capítulo de este libro, las innovaciones empresariales no siempre provienen de la I+D, sino de comprender la demanda de los clientes y la dinámica de consumo, del aporte de un equipo interno de la empresa o de una dificultad que derivó en un hallazgo de las claves de un nuevo producto o servicio.

Porque la innovación no necesariamente es lineal ni procede de una sola dirección, sino que a veces es fruto de una serie de circunstancias que abren la puerta a nuevos modelos de negocio. Y después de haber comenzado algo, no es extraño que se hagan ajustes y correcciones, para volver a comenzar nuevamente. Comenzar y recomenzar, de esto se trata el juego.

> La innovación no necesariamente es lineal ni procede de una sola dirección, sino que a veces es fruto de una serie de circunstancias que abren la puerta a nuevos modelos de negocio

De hecho, suele suceder que el detonante de un éxito comercial o de negocio no es otra cosa que el fracaso inicial de un producto en el mercado. O, también, de la aparente debilidad de carecer de una estrategia que lo impulse a niveles excepcionales de presencia entre los clientes. Lo cual puede ser un revulsivo para transformar un fracaso en un potencial éxito.

En la historia de éxitos empresariales, se menciona el caso de la transformación de los restaurantes *McDonald's* en una marca ganadora, global y de gran impacto comercial. El relato de este caso es el ejemplo de cómo las limitaciones iniciales en un negocio no deben definir ni condicionar su futuro, sino alimentar sus posibilidades de superación.

Los hermanos *Richard* y *Maurice McDonald* abrieron el primer restaurante en 1940 en San Bernardino, California. Su restaurante se llamaba *McDonald's Famous Barbecue*. No fue hasta 1948 que introdujeron el *Speedee Service System,* un sistema de comida rápida para comercializar, especialmente hamburguesas. Lo hicieron con un autoservicio con menú limitado de bajo costo, dirigido a familias. El concepto era sencillo y práctico, pero innovador para su tiempo: producir las hamburguesas en cadena y reducir el tiempo de espera del cliente a menos de treinta segundos para recibir su orden.

Montar el sistema no fue fácil, porque debieron hacer pruebas y experimentos hasta obtener el producto en el tiempo y manera que ellos querían. A lo largo de esta etapa no estuvieron exentos de problemas y fracasos, pero perseveraron hasta conseguir que el negocio les funcionara y el restaurante cobrara cierta notoriedad.

Aquí es donde entra *Ray Kroc*, un empresario dedicado a la comercialización de máquinas de batidos para restaurantes, que en 1954 llegó a un acuerdo con los hermanos McDonald para expandir el negocio a través de franquicias. Para ello, estableció políticas comunes en todos los establecimientos franquiciados, las cuales estaban basadas en un mismo diseño, contratos individuales con clientes conocidos, un apego al sistema de producción y un menú estándar.

El negocio avanzaba bien y llegó a tener treinta restaurantes franquiciados a finales de esa década. Pero el acuerdo no agradaba a *Kroc*, porque le dejaba poco margen de ganancias. Esto le llevó a enfrentarse con los hermanos, que no aceptaron renegociar el contrato. Este *impasse* provocó que Kroc cambiara de estrategia. De tal modo que, en lugar de centrar el negocio en la comida, la corporación se dedicaría a invertir en locales que luego arrendaba a los franquiciados.

Esta estrategia inmobiliaria le dio resultado a *Kroc*, quien en 1960 ya había conseguido arrendar los locales de más de cien restaurantes, con lo que dejó sin poder a los hermanos para incidir en las decisiones. Al año siguiente llegó a un acuerdo con ellos para hacerse cargo de *McDonald's* por un monto de 2,7 millones de dólares, con lo que cumplieron su sueño de ser millonarios antes de cumplir cincuenta años. (Cfr. McDonald's Corporation History, 2004).

La marca creció rápidamente y ya en 1968 la compañía había superado los mil restaurantes, los cuales estaban ubicados a lo largo de todos los Estados Unidos de

América. Luego vendría la expansión internacional, hasta convertirse en la cadena de comida rápida más importante del mundo (Cfr. *Ibídem*).

¿Cuál fue la clave para que *Ray Kroc* convirtiera un restaurante con presencia local en una marca global? Lo primero, una serie de decisiones que ayudaron a reproducir el concepto particular del restaurante en una franquicia con vocación expansiva. Lo segundo fue repensar la estrategia, que migró de ser solamente un negocio de venta de comida a una desarrolladora inmobiliaria con la fuerza de una corporación internacional. Y lo tercero, la capacidad de preservar un estándar de servicio, al tiempo que se incorporaban innovaciones gradualmente en el menú, el diseño de los restaurantes, la identidad gráfica y la oferta de valor. En sus propias palabras: «Mi secreto es la persistencia y la determinación».

Retomar la senda trazada

Casos como el de *McDonald's* no son habituales en el mundo empresarial. Por el contrario, muchas compañías a medida que el tiempo avanza y van superando etapas, empiezan a mostrar signos de desgaste y a enfrentar retos que ponen a prueba su supervivencia.

De hecho, ninguna compañía está exenta de fallos o de eventuales fracasos. Si las personas, las marcas o las empresas tuvieran garantizado el éxito, no habría ningún aprendizaje en el proceso de desarrollar un concepto de negocio o una propuesta comercial. ¿Cuántas historias sabemos de victorias predeterminadas en el mundo empresarial? Francamente ninguna o muy pocas. Todas las iniciativas innovadoras enfrentan contratiempos de algún tipo, ya sea en sus orígenes, en su crecimiento o en su camino a la cumbre del éxito. Como bien dice Ken Robinson, «si no estás preparado para equivocarte nunca se te ocurrirá nada original».

Al considerar ese factor de riesgo que enfrenta toda persona o equipo al impulsar una idea o plan de negocio, me hace pensar en los esfuerzos que realiza un nuevo empresario en la búsqueda de opciones claras para introducir su producto o servicio en el mercado. Nada es gratuito. Por el contrario, hay que asumir la incertidumbre de ser rechazado por el sistema o de enfrentar fuerte resistencia de parte de la competencia en los diversos espacios de oferta y demanda.

Igual les ha tocado a diversos autores de literatura, artistas, actores y directores de cine, productores de televisión, inventores noveles, conferencistas y deportistas, entre otros, para lograr hacerse un espacio en el competido mundo de su respectiva profesión. Muchos de ellos han tenido que sortear todo tipo de dificultades y valladares, que a la postre les han servido para sacar provecho de ellas y mostrar su identidad, así como sus cualidades diferenciadoras.

Por eso, en el itinerario de toda innovación resulta esencial retomar la senda trazada en sus inicios, porque esa idea novedosa o primigenia ya tenía en su germen la visión del resultado final. No es necesario ser sabio para darse cuenta de que en el camino recorrido se perfilarán nuevas posibilidades y rutas hacia el fin buscado. En esta travesía, cuenta mucho la capacidad de aprender de los demás y de la experiencia lograda por otros que han recorrido antes el mismo camino.

> En el itinerario de toda innovación resulta esencial retomar la senda trazada en sus inicios, porque esa idea novedosa o primigenia ya tenía en su germen la visión del resultado final

SACAR FRUTOS DE LA EXPERIENCIA DE LOS DEMÁS

En la historia de las innovaciones emblemáticas, no se puede hablar de que todas han sido ideas exclusivas u originales, sino más bien el fruto de la evolución del conocimiento y de la mejora de proyectos previos que fracasaron por diversas razones: carencia de materiales adecuados, cálculos inexactos que retrasaban el acierto en la innovación, falta de una debida financiación para realizar nuevas pruebas y experimentos o, simplemente, por no tener la persistencia para dar en el blanco con el hallazgo definitivo.

Es muy probable que hayas leído de la invención de la bombilla incandescente, que se le atribuye a *Thomas Alva*

Edison. Sin embargo, este invento no se le puede atribuir solo a Edison, sino que es el resultado de varios intentos desde principios del siglo XIX. Lo que si es cierto es que este célebre inventor (con más de mil patentes a su nombre) logró perfeccionar un invento que otros habían trabajado e incluso patentado (Cfr. Blakemore, 2022).

Estos intentos previos se habían realizado utilizando hilo de platino, filamento de carbono y otros materiales, que hacían que las bombillas tuvieran una vida útil de pocas horas, fueran de alto costo y consumieran demasiada energía. La originalidad de Edison fue desarrollar una bombilla incandescente con filamento de carbono y vacío en el interior del receptáculo de cristal, cuya duración máxima de cuarenta horas la convertía en la primera bombilla comercialmente viable. Lo logró en 1879 tras numerosos intentos de mejorar el concepto del invento (Cfr. *Ibidem*).

Pero Edison fue más allá de la bombilla, porque luego de recibir la patente de su invento en 1880, desarrolló un sistema de distribución eléctrica a través de tubos y cables, mejoró los sistemas existentes de generación eléctrica y creó el primer contador para medir el consumo de electricidad. No se conformó con haber logrado mejorar la bombilla, sino que hizo posible que su invento tuviera las condiciones necesarias para que fuera accesible y llegara la luz a los hogares de todo el mundo (Cfr. Josephson, 1959). Luego otros llevarían a cabo innovaciones con distintos materiales hasta llegar a nuestros días con la tecnología LED, que ofrece mejores condiciones de duración y consumo de energía.

¿Cuál es el aprendizaje de haber sacado provecho de la experiencia de los demás? La respuesta más simple es subrayar que todo invento, desarrollo o proyecto innovador es el resultado de un esfuerzo persistente de «prueba y error» hasta dar con el resultado deseado. Lo importante es no darse por vencido en el proceso de hacer realidad la idea o concepto considerado desde un inicio, porque siempre hay un margen de oportunidad para acertar con la clave ganadora.

> Todo invento, desarrollo o proyecto innovador es el resultado de un esfuerzo persistente de «prueba y error» hasta dar con el resultado deseado

Por eso, las innovaciones más exitosas y disruptivas siempre tienen un efecto transformador en la sociedad y, por lo habitual, resultan sorprendentes para quienes se benefician de ellas. De eso hablaremos en el capítulo final de este libro.

7.
INNOVAR ES SORPRENDER

> «La realidad puede ser golpeada
> con la suficiente imaginación».
> **Mark Twain**

A finales del siglo pasado y principios de este, tuvo su apogeo el mago *David Copperfield*, un extraordinario ilusionista con fama internacional, célebre por sus numerosos hitos de magia a lo largo de una exitosa carrera de más de 40 años en el escenario y la televisión.

En cada espectáculo que él participaba se sabía que algo especial ocurriría, porque todo estaba preparado para cautivar y entretener a la audiencia: el escenario, las luces, el montaje del equipo, el sonido, la ambientación del espectáculo, y especialmente, la expectativa de ver en persona la actuación del célebre ilusionista.

La puesta en escena era cuidada hasta el mínimo detalle y cada acto era una combinación de talento de un equipo altamente entrenado. Sin lugar a duda, asistir a su espectáculo era una experiencia única y emocionante, que causaba una grata sensación.

Pero lo más atractivo de la función era apreciar el efecto sorpresa que provocaba cada uno de sus trucos, que iban escalando en complejidad y sofisticación. El hilo conductor de todo el programa era la destreza del mago para contar historias mientras ejecutaba cada ilusión. Y, como era de suponer, el final era inesperado y memorable, hasta el punto de hacer dudar al público de lo que percibían sus sentidos.

> Lo más atractivo del espectáculo era apreciar el efecto sorpresa que provocaba cada uno de sus trucos, que iban escalando en complejidad y sofisticación

Han pasado varios años desde entonces, pero su impronta está grabada en la retina de tantos que le vimos por televisión o en vivo. Y su magia, llena de sorprendentes desenlaces, aún cautiva a tantos que le miran por Internet.

¿Qué frutos se pueden sacar de la puesta en escena de un espectáculo de esta naturaleza? Que un espectáculo así no deja margen a la improvisación, sino que todo está pensado, preparado y practicado con la intención de impactar. Que detrás de todo este esfuerzo hay un equipo comprometido y bien entrenado para hacer lo que le corresponde en cada función. Y que un acto de magia, es una combinación de misterio, drama y emoción, que requiere constante innovación para ser atractivo y sorprendente. Todo lo cual se sintetiza en el carisma y magnetismo del mago, que sabe integrar todo lo anterior en una formidable puesta en escena.

Ciertamente, la esencia de la magia es sorprender, porque nadie del público conoce qué hay detrás de cada truco, pero todos esperan que algo increíble ocurra cada vez que el mago está en el escenario.

LA ESENCIA DE LA MAGIA ES SORPRENDER

Al llegar a este capítulo final, me parece interesante volver a esta analogía de la magia para explicar la forma en la que la innovación disruptiva provoca sorpresa y admiración en el público.

Lo primero, que la innovación surge de una idea o concepto creativo que ha evolucionado hasta hacerse realidad. Esta idea es fruto del conocimiento y experiencia acumulada de una o varias personas en un equipo, la cual se ha nutrido con los hallazgos identificados a lo largo del proceso.

Lo segundo, que la innovación disruptiva encuentra espacios de oportunidad toda vez que sé es capaz de observar la realidad con una mirada apreciativa, perceptiva y oportuna. En otras palabras, logra dar en el blanco cuando el emprendedor aprende a ver la realidad con otros ojos, que son capaces de ver lo que nadie ve, especialmente aquellos que lideran el mercado y están concentrados en gestionar su posición.

Y lo tercero es que la innovación es exitosa cuando logra integrar lo simple, asequible y funcional en un producto o servicio, porque de esta manera consigue llegar más rápido a nuevos consumidores y usuarios. Todo lo cual permite posicionarse con éxito en la preferencia del público, porque le permite sacar provecho de sus cualidades y ventajas, sin tener que enfrentar el desgaste frontal con la competencia al momento de salir al mercado.

En otras palabras, todo esfuerzo innovador es consecuencia de una mezcla de factores que la hacen posible y le imprimen su sello de originalidad, de cosa única y fuera de serie. Lo cual no es simplemente una mera novedad, sino una experiencia diferente y extraordinaria que mueve nuestros sentidos.

> Todo esfuerzo innovador es consecuencia de una mezcla de factores que la hacen posible y le imprimen su sello de originalidad, de cosa única y fuera de serie

Quizás pudiste ver la noticia de un colosal dragón vestido con luces de colores que surcaba el cielo nocturno de la ciudad china de Shenzhen. Este inmenso dragón hecho con mil cuatrocientos drones sincronizados en coreografiada formación, fue un deleite visual para los que presenciaron en directo el espectáculo con el que se iniciaba una celebración popular en esa ciudad.

Lo sorprendente del acto era ver cómo la gigante figura que lucía coloridos tonos amarillos, azules y rojizos, se contorneaba, estiraba y elevaba sobre un parque, que dejaba ver un fondo lleno de rascacielos y diversas construcciones a través de la noche.

Este tipo de espectáculos, que cada vez son más formidables y asombrosos, seguramente seguirán iluminando las noches de numerosas ciudades con sus llamativas figuras tridimensionales. No es remoto que estas coreografías con drones consigan reemplazar paulatinamente a los tradicionales fuegos artificiales. Lo cual demuestra cómo la creatividad e innovación van de la mano a la hora de crear propuestas originales de entretenimiento colectivo (Cfr. Bisbe, 2023).

LA ORIGINALIDAD SURGE DE COMBINAR IDEAS

Decíamos en el prólogo que la creatividad es la capacidad de crear nuevas ideas y conceptos a partir de combinar ideas o conceptos conocidos. Mientras que la innovación es la habilidad de convertir ideas y procesos en resultados concretos que benefician a las personas. Pero, en sentido práctico, esta habilidad tiene que ver con saber hilar fino el conocimiento, la experiencia y el sentido común, para producir algo nuevo y original.

En este sentido, la originalidad es fruto de la creatividad innovadora de las personas, que al combinar dos o más ideas, consiguen producir un nuevo resultado. Eso que se dice de forma tan sencilla, resulta un reto lograrlo, porque no todo combina ni todas las ideas que se integran consiguen tener éxito o cruzar el umbral de la aceptación del público. Sin embargo, con el paso del tiempo, algunas ideas desechadas, cobran interés a partir de repentinos cambios de tendencias.

Por eso, la tecnología es ahora el campo de experimentación de esta sociedad del conocimiento, que integra en su vida cotidiana los diversos medios, herramientas y plataformas para conectar a las personas, equipos y organizaciones. «Es tarea del directivo adaptar el contexto disruptivo a su propia y sutil interpretación de la realidad, que en ocasiones se encontrará en la síntesis que se derive de distintas perspectivas» (Bofarull, 2020).

Lo cierto es que la sociedad va tan rápido que los avances tecnológicos se están dando de forma acelerada frente a nuestros ojos. O incluso sin que nos enteremos, porque están sucediendo tantas cosas en diversos campos del saber que no siempre nos percatamos del efecto que eso provoca en nuestra realidad humana. Aun así, nos impacta cuando advertimos los beneficios que nos produce la innovación en nuestra calidad de vida, los cuales se hacen notorios en la forma que ahora nos comunicamos, aprendemos, entretenemos y cuidamos.

> La sociedad va tan rápido, que los avances tecnológicos se están dando de forma acelerada frente a nuestros ojos

Innovación y calidad de vida

Los teléfonos inteligentes, las aplicaciones digitales y las redes sociales son medios fabulosos que acortan distancias, conectan a las personas y permiten ponernos al corriente de lo que sucede en cualquier parte del planeta. Asimismo, con las herramientas de comunicación por videollamada, el mundo se ha hecho cada vez más pequeño y se han agilizado las reuniones de trabajo sin necesidad de desplazarse lejos de casa o viajar fuera del país.

En el plano educativo, las herramientas son vastas y ofrecen la posibilidad de integrar contenido multimedia, así como recursos interactivos, para aprender y jugar al mismo tiempo. Al respecto, hay aplicaciones que enseñan idiomas, métodos para tocar música en diversos instrumentos y adquirir conocimientos específicos en múltiples materias.

Por ejemplo, desde hace varios años se popularizó el sitio educativo *Khan Academy*, que enseña matemáticas, ciencias y otras materias de forma gratuita, personalizada y en línea a miles de estudiantes a nivel mundial, para que aprendan a su ritmo, nivelen su comprensión de los temas y aceleren su aprendizaje (Cfr. khanacademy.org).

Esta plataforma educativa también ofrece herramientas a los maestros para que puedan «identificar las lagunas de comprensión de sus estudiantes, crear una clase a la medida y satisfacer las necesidades de cada uno» (*Ibídem*). De esta forma, disponen de contenido alineado a los estándares de enseñanza de cada materia y pueden dar seguimiento al avance de sus estudiantes.

La originalidad innovadora de este canal gratuito de enseñanza es que combina las ventajas de la tecnología en línea con los contenidos educativos de toda la vida: lecciones, ejercicios y conceptos teóricos de cada materia.

Es un espacio de aprendizaje que ofrece múltiples opciones para que los estudiantes mejoren su rendimiento paso a paso, en una plataforma atractiva, útil y entretenida para estudiar. De hecho, entre sus innovaciones recientes está *Khanmigo*, un tutor basado en inteligencia artificial que ofrece a los estudiantes una guía personalizada de problemas en diversas materias (Cfr. *Ibídem*)

Y, así como ese sitio, hay un amplio catálogo de opciones para adquirir conocimientos, aprender nuevas destrezas y acceder a espacios de entretenimiento, en cualquier momento y desde cualquier lugar donde las personas se encuentren.

Ciertamente, en materia de entretenimiento, la tecnología ofrece un variado menú para todos los gustos. Así, una persona que cuenta con dispositivos electrónicos en línea puede encontrar páginas y aplicaciones para acceder a un amplio contenido multimedia, descargar música, jugar en línea, hacer videos para redes sociales, utilizar *aplicaciones* de efectos especiales, escuchar podcasts, ver conferencias y *MasterClass*, disponer de asistentes virtuales, usar chatbots de inteligencia artificial, entrar a bibliotecas de libros digitales, utilizar programas de lectura rápida, entre otras opciones.

Por lo tanto, la riqueza de la tecnología es disponer de plataformas digitales en línea que permiten disfrutar de una diversidad de contenido multimedia en múltiples formatos y medios. Esa combinación de dispositivos, canales, y contenidos que se benefician de la versatilidad del Internet y de las cambios en las tendencias de consumo, se ha convertido en una fórmula que cautiva y entretiene a millones de personas en el mundo.

> La riqueza de la tecnología es disponer de plataformas digitales en línea que permiten disfrutar de una diversidad de contenido multimedia en múltiples formatos y medios

La buena noticia es que esta transformación disruptiva también se extiende a otros ámbitos, como el médico. Las innovaciones tecnológicas en el campo de la salud son cada vez más frecuentes, porque ofrecen posibilidades que antes eran impensadas y que ahora contribuyen a mejorar la calidad de vida de las personas. Por ejemplo, los sensores de glucosa, que le permiten al paciente diabético medir sus niveles de azúcar de forma continua e inalámbrica sin necesidad de pincharse la piel con los habituales medidores de glucosa en sangre.

Si esa tecnología es un avance que aporta información periódica y oportuna a través de un dispositivo externo, la previsión es que la biotecnología permita próximamente más y mejores posibilidades de diagnóstico en tiempo real. Como bien dice Harari, «dentro de unas cuantas décadas, los algoritmos de macrodatos alimentados por un flujo constante de datos biométricos podrán controlar nuestra salud a todas horas y todos los días de la semana» (Harari, 2018).

Esto apunta a pensar que en el futuro las personas gozarán de una mejor atención médica gracias a un sistema de información generado por estos sensores biométricos, que se podrán llevar sobre el cuerpo o dentro del mismo, cuyos datos permitirán diagnosticar y tratar las afecciones y enfermedades mucho antes del surgimiento de síntomas graves, así como de dolores o potenciales discapacidades (Cfr. *Ibídem*).

De hecho, ya en la actualidad muchos deportistas y personas particulares utilizan dispositivos electrónicos para medir su rendimiento deportivo y conocer parámetros importantes de su condición física como la oxigenación de la sangre, la presión arterial o la frecuencia cardíaca, entre otros.

Asimismo, los aficionados del bienestar físico, tienen ahora una gama de opciones para mejorar sus entrenos y cuidar su salud: accesorios aeróbicos para quemar calorías, dispositivos de calor y vibraciones para aliviar con rapidez las molestias musculares, gafas inteligentes para natación, equipo para mejorar la recuperación después del ejercicio, soportes de espalda para evitar lesiones, estimuladores abdominales y muchos complementos más.

Todo esto supone una ventaja cualitativa respecto a la tecnología precedente, pues ahora existen más y mejores recursos para quien sabe sacar provecho de ella. Sin embargo, también es cierto que ahora hay más peligros y riesgos en el mundo digital, porque han proliferado los criminales que están al acecho para vulnerar los sistemas y acceder a la información privada. En otras palabras, la innovación aproxima el futuro, pero también nos expone a riesgos y amenazas en la medida que el ciberespacio se expande.

> La innovación aproxima el futuro, pero también nos expone a riesgos y amenazas en la medida que el ciberespacio se expande

INNOVAR ES ARRIESGAR

Nadie dijo que innovar estuviera exento de dificultades o desafíos, pues como hemos apuntado antes, toda apuesta por la originalidad significa dar un salto de fe hacia adelante. El futuro nos espera, pero todo lo que sabemos de él nos viene del pasado, porque somos caminantes que avanzamos al porvenir con la experiencia de lo vivido y de lo que hemos aprendido en el camino.

El cine, la literatura, el arte y la historia nos cuentan relatos de personas de otras épocas que tenían una visión del futuro, basada en una idea mejorada de su propia realidad temporal. En sus circunstancias, veían factible perfeccionar algo, pero no necesariamente transformarlo en algo distinto. Por eso, muchos no imaginaban los automóviles, sino más bien las carretas con más caballos y comodidades en los carruajes.

Por el contrario, aquellos que se animaban a explorar sendas diferentes de innovación respecto a lo existente, eran considerados como locos o gente ilusa que pensaba distinto a la mayoría. Y, en todo caso, eran tachados de soñadores o lunáticos.

Algo así como el personaje del *Doc Emmett Brown* (Christopher Lloyd) en la trilogía de películas de ciencia ficción: *Volver al futuro* (*Back to the future*, 1985-1991). *Brown* es un excéntrico científico que a lo largo de su vida ha desarrollado algunos curiosos artefactos, entre ellos una máquina para viajar en el tiempo, con la que *Marty McFly* (Michael J. Fox) viaja accidentalmente a 1955 a bordo del DeLorean, un sofisticado automóvil equipado con el *condensador de flujo*, el cual se activa con una reacción nuclear mediante el uso de plutonio.

El problema es que al viajar en el tiempo *McFly* no se lleva el plutonio adicional para regresar al futuro. Así que al llegar al pasado debe encontrar al *Doc Brown* de 1955, para que le ayude a volver a 1985. Mientras buscan la forma de lograrlo con los recursos que disponen, viven una serie de curiosas aventuras que vuelve más entretenida la trama. Luego, gracias a una combinación de oportunas circunstancias y genialidades del *Doc Brown*, el joven *McFly* logra regresar exitosamente a 1985.

La película es una increíble aventura de ciencia ficción, un divertido enredo «familiar» y una muestra de cómo se ha transformado la sociedad estadounidense en muchos aspectos. Porque, como bien se dice, «el futuro es de aquellos que siempre lo desearon, de lo que somos hoy nada quedará, porque el futuro se muda al tiempo presente y el presente de hoy mañana ya no estará».

Esto no es un mero juego de palabras, sino la realidad constatable que el principal bien que tenemos es el presente, que nos permite construir el futuro paso a paso. Y lo interesante de esto es que «la realidad puede ser golpeada con la suficiente imaginación» como decíamos con Twain al iniciar este capítulo.

Por eso, la innovación disruptiva es una magia que nos permite cambiar los parámetros que redefinen la industria en términos absolutos y transforman el mercado de forma increíble, como un gran truco del mejor ilusionista.

III
Recomendaciones finales

«*La transformación de una empresa
empieza con un sentido de crisis o urgencia*».
Lou Gerstner

Concluyo este libro con tres ideas que pueden contribuir a generar esa magia para que tú y quienes forman parte de tu equipo consigan innovar de forma disruptiva. Pienso que el desafío de un innovador, al igual que cualquier persona que tiene el maravilloso oficio de ser mago, es mantener viva la ilusión de su público y estar continuamente sorprendiéndolo con sus habilidades, prodigios y talentos.

Porque solo nos ocupamos de pensar en hacer cosas distintas cuando hemos intentado otras opciones y no han funcionado del todo bien, o simplemente cuando nos vemos en la imperiosa necesidad de salir de nuestra zona de confort. A veces es un impulso frenético hacia adelante, pero sin saber a ciencia cierta qué queremos lograr o dónde queremos ir con una idea, un hallazgo o un chispazo de genialidad.

Contar con iniciativa y tener el anhelo de hacer realidad una idea, por peregrina que ésta sea, es un buen punto de partida para innovar. Lo relevante es dar el primer paso, luego dar otro y otro más, hasta desarrollar consistencia y no dejar de perseverar en la ruta hacia la meta. Todo proyecto transformador requiere tener un propósito en firme, una oportuna preparación y un conocimiento de quienes sacarán provecho del fruto de ese esfuerzo en el tiempo.

Por eso, estas recomendaciones que propongo, son tres aspectos concretos que pueden servir de referencia para hacer de la innovación un espacio mágico y diferente, que aporte valor a nuestro público objetivo:

1. TEN SIEMPRE UN OBJETIVO CLARO EN MENTE

Con un objetivo definido sabrás hacia dónde apuntar en tus iniciativas, proyectos y estrategias. Ese objetivo para un innovador debe ser: causar impacto y sorpresa en tu público, tal y como lo hace un mago que siempre busca sorprender con nuevos prodigios y cosas distintas en su espectáculo. Y esa capacidad de sorprender captará la atención de tu mercado objetivo. Si es atractivo lo que propones, les cautivará y generará interés de conocer lo que piensas, haces y dices.

Visualiza el éxito con todos tus sentidos, aunque éste parezca distante y esquivo, porque eso permite mantener la vista fija en la finalidad que quieres lograr. Pero no te quedes sentado esperando la inspiración, sino que ocúpate de hacer realidad tu propósito con un plan de acción que establezca hitos clave en la ruta y permita poner las ideas en marcha.

Este esfuerzo resulta más llevadero cuando te apoyas en un equipo de trabajo. Por eso, es relevante crear una cultura de innovación en tu organización, para contar con aliados que conozcan y se identifiquen plenamente con los fines y medios de tu proyecto de innovación.

2. Prepárate para innovar

El que se prepara no improvisa, sino que continuamente busca rutas nuevas para simplificar las dificultades del camino y acometer los desafíos que se presentan en todo proceso emprendedor. Porque como bien decía Louis Pasteur: «La fortuna juega a favor de una mente preparada». Esto supone adquirir los conocimientos, destrezas y actitudes para conocer mejor los temas esenciales de tu idea innovadora.

Prepararse implica estudiar, investigar, leer, consultar, viajar, observar, probar, ensayar cosas nuevas, sacar provecho de los aciertos y errores en la puesta en acción de las ideas. Lo cual supone buscar la excelencia en lo que haces, que abre espacios de oportunidad para desarrollar transformaciones y formular nuevos modelos de negocio, que cambian las reglas del juego.

Todo lo cual nos lleva a tomar sendas distintas, sin conformarnos a recorrer las rutas de siempre. Esa búsqueda de mejores formas de hacer las cosas, permite establecer nuevas conexiones que consiguen dar con hallazgos insospechados y diferentes. Y la diferenciación permite aportar valor a la innovación, porque está dotada de una combinación de factores que la hacen única y particular, donde la competencia no tiene importancia. Lo cual la convierte en una experiencia disruptiva en todo sentido. Como acertadamente sugiere Simon Sinek: «Cuando nos centramos en la competencia nos volvemos reactivos. Cuando nos centramos en mejorarnos a nosotros mismos, nos volvemos innovadores».

3. Conoce a quiénes quieres llegar

Si conoces tu objetivo de negocio, sabrás identificar su comportamiento como consumidor, ganar su atención y, especialmente, conocer sus gustos y preferencias. Por eso, los equipos y compañías que buscan tener éxito en el mercado, no deben olvidar que una buena estrategia de innovación no solo debe poner el foco en los procesos o la tecnología, sino también en las personas.

Atrévete a explorar cosas nuevas para llegar de mejor modo a tus clientes. No hay que inventar la rueda para ser eficaz en la interacción con ellos, sino más bien genuino y fiable en la experiencia comercial y de servicio. Pero ante todo, esta capacidad de conectar con el público requiere desarrollar una nueva narrativa que capte su atención y genere un punto de encuentro con sus intereses y necesidades.

Por lo tanto, el objetivo es cautivar y proponer ideas de forma creativa. Ese es el gran prodigio de saber contar una buena experiencia, relato o historia que conecta con el público. Pero en esta interacción, lo esencial es la sustancia, no la mera comunicación de la sustancia. Porque atrae más lo auténtico y lo que se hace desde la propia identidad, que aquello que es aparente y superficial.

Bofarull, Ivan (2020): *Moonshot Thinking. Transforma la innovación disruptiva en una oportunidad*, Arpa, Barcelona.

Borghino, Mario (2017): *El arte de hacer preguntas. El método socrático para triunfar en la vida y en los negocios*, Grijalbo, Barcelona.

Christensen, Clayton (2022): *El dilema de los innovadores. Cuando las nuevas tecnologías pueden hacer fracasar a las grandes empresas*, Ediciones Granica, Buenos Aires.

Christensen, Clayton; Hall, T.; Dillon, K.; Duncan D. (2020): *Competir contra la suerte. Historia de la innovación y las decisiones de los clientes*, HarperCollins México, Ciudad de México.

Gladwell, Malcolm (2013): *David y Goliat. Desvalidos, inadaptados y el arte de luchar contra gigantes*, Taurus, Madrid.

Harari, Yuval Noah (2018): *21 lecciones para el siglo XXI*, Debate, México.

Josephson, Mathew (1959): *Edison. A Biography*, McGraw-Hill, New York.

Mauborgne, Renée; Chan Kim, W. (2012): *La estrategia del océano azul*, Norma, Bogotá.

McDonald´s Corporation History (2004): *International Directory of Company Histories*. Vol. 63. St. James Press. Texto disponible en: http://www.fundinguniverse.com/company-histories/mcdonald-s-corporation-history/

Bibliografía

Alba, Ángel: *Todo lo que aprendí con el MIT sobre generar ideas disruptivas.* https://innolandia.es/mit-generar-ideas-disruptivas/

Allepuz Ros, Teresa (2000): *La gestión del capital intelectual. Nuevos parámetros de análisis para la economía de la información,* en La gestión del conocimiento: retos y soluciones de los profesionales de la información: VII Jornadas Españolas de Documentación, Bilbao.

Bisbe, Carlota (2023): *«El asombroso baile de un dragón 'hecho' con drones en Shenzhen deja al mundo boquiabierto»,* en La Vanguardia. https://www.lavanguardia.com/cribeo/geek/20230622/9060175/asombroso-baile-dragon-hecho-drones-shenzhen-deja-mundo-boquiabierto-mmn.html

Blakemore, Erin (2022): *Thomas Edison no inventó la bombilla, sino que la mejoró.* https://www.nationalgeographic.es/historia/2022/04/thomas-edison-no-invento-la-bombilla-sino-que-la-mejoro

Moss Kanter, Rosabeth (2020): *Thinking Outside The Building*, Nicholas Brealey.

Muchnick, Matías (2019): *Cambiando el futuro de la alimentación con machine learning*, en https://www.youtube.com/watch?v=QCdXgF1iSgc

Peralta, Laura (2022): *«La escuela mata la genialidad del alumno y del profesor»* en ABC: https://www.abc.es/familia/educacion/escuela-mata-genialidad-alumno-profesor-20221201223412-nt.html

Rojas Estapé, Marian (2018): *Cómo hacer que te pasen cosas buenas*, Espasa, Madrid.

Webb Young, James (1982): *Una técnica para producir ideas*, Eresma, Madrid.

3M.com (2013): *Acerca de la marca Post-it®.* https://www.3m.com.es/3M/es_ES/post-it-notes/contact-us/about-us/